Arturo Cabrero Lozano

EN BUSCA DEL ARCHIVO PERDIDO:

DIÁLOGO

SOBRE LA NATURALEZA HUMANA

Ápeiron Ediciones

2024

Arturo Cabrero Lozano

En busca del archivo perdido: Diálogo sobre la naturaleza humana

1.ª edición, 2024

© Del texto, Arturo Cabrero Lozano
© Ápeiron Ediciones

C/ Príncipe de Vergara, n.º 132, planta 9
28002 Madrid
Tfno.: (+34) 611 00 28 41
E-mail: info@apeironediciones.com
http://www.apeironediciones.com/

Maquetación, diseño: Ápeiron Ediciones

Papel procedente de fuentes responsables

ISBN: 978-84-129260-5-7
Depósito legal: M-23780-2024

*A mi familia y amigxs y a toda persona que me ha
acompañado en este camino.
A mí por todo lo llorado y reído.*

Índice

La mayor parte de los hombres no quieren nadar antes de saber, ¿no es esto espiritual?¡Y no quieren nadar, naturalmente! Han nacido para la tierra, no para el agua, y, naturalmente, no quieren pensar, como que han sido creados para la vida, no para pensar. Claro, y el que piensa, el que hace del pensar lo principal, ese podrá acaso llegar muy lejos en esto, pero ese precisamente ha confundido el agua con la tierra, y tarde o temprano se ahogará.
HERMAN HESSE, *El lobo estepario*

Yo me aventuro a conjeturar que, a la postre, se sabrá que el hombre es una mera sociedad de múltiples habitantes incongruentes e independientes entre sí.
ROBERT LOUIS STEVENSON, *El extraño caso del doctor Jekyll y el señor Hyde*

Todo da una de cal y otra de arena.
Todas las caras tienen su cara y su cruz.
Todos somos un pájaro que vuela,
a la vez, hacia el norte y hacia el sur.
Todo lo que se vuelve a contar ya es otra historia.
Todo lo que se rompe inventa su enemigo,
y la misma canción, al cambiar de persona,
no dice lo de siempre cuando dice lo mismo.
BENJAMÍN PRADO, *19 días y 500 noches después*

Dentro de nuestro vacío solo queda en pie el orgullo,
por eso seguiremos de pie.
Mogollón de gente vive tristemente
y va a morir democráticamente.
EVARISTO PÁRAMO, *Ellos dicen mierda, nosotros amén*

Prefacio

Kant decía que la principal pregunta de la filosofía debía ser: ¿qué es el hombre? Aquí no encontrarás la respuesta, esto es una canción de los Smith, *500 días con Sumer*.

PREÁMBULO

Estos tíos dicen que me han querido, odiado, analizado, olvidado. Dicen ser mis amigos, mi marido, el amor, mi rival, mi enemigo, y el de muchas de mis amigas, o mi psicoanalista. Pero la verdad es que solo saben hablar de sí mismos, no dejan de hablar cuando están juntos: lenguaje, lenguaje, lenguaje. Obsesivos de m… con el lenguaje. Soy Alejandra, pasen a oírlos.

P. D.: Mi marido no escribe literatura, mi marido no escribe desde hace años.

ACADEMIO

El primer recuerdo que guardamos de nuestra infancia vuelve a nosotros con el tiempo cuando precisamente nos interrogamos por nuestro primer recuerdo. No puedo recordar cuándo fue la primera vez que me pregunté por él, ni siquiera sé si en ese momento sabría lo que son los recuerdos o lo que soy yo, o si tenía alguna percepción de si esa línea de imágenes que se suceden en nuestra mente y que configuran nuestra memoria era una nube de impulsos externos o internos —porque tampoco sé si tenía configurada una interioridad que se enfrentara a una exterioridad— que se suceden como las ganas de cagar, las ganas de que te dé teta o el miedo que te produce que tu madre te deje abandonado en la cuna.

Sí que recuerdo la primera vez que me sentí por primera vez yo: años después leería en un libro, creo que de Fromm o Freud, no lo sé, vaya —ya digo que la memoria es compleja—, solo sé que ese libro estaba en la que para mí era la majestuosa estantería de detrás del despacho de mi padre, ahora de mi madre, estantería que para mí siempre perteneció a mi madre, como todas las de la casa, porque albergaba los libros de mamá: de esa mamá que consultaba con sus gafas unos libros azules con un logo amarillo —que con los años descubrí que eran libros sobre el peso, altura y alimentación adecuada de tu hijo—, y yo la miraba, y se producía una vibración en mi mente que me daba mucho gusto y me hacía sentir que estaba sintiendo lo que ella sentía al leer, como si mi madre y yo aún siguiéramos conectados por el cordón umbilical: ese cordón umbilical que mi madre me contaba que tanto había costado cortar y que por eso me había dejado ese ombligo tan característico de caracola que yo enseñaba con tanto orgullo a mis amigos y que, a medida que crecí, durante mi primera juventud se fue escondiendo, al paso que mi barriga crecía ocultando esos abdominales de los que antes tanto presumía pero que mis amigos decían que eran abdominales de delgado; cordón umbilical que guardaba en su cajón de anillos y que a veces me enseñaba y yo lo miraba con entre asco y curiosidad. ¿Qué habrá sido de él?

El caso es que leí en ese libro que estaba en la estantería de mamá que hay un momento en nuestro desarrollo psicológico que se conoce como el descubrimiento del yo, y es el momento en el que el niño se hace por primera vez autoconsciente de que es un sujeto separado del sinfín de estímulos y emociones que percibe de un exterior que, sin ponerse muy pedante, lo conforma: «Yo soy el otro», que diría un tocayo mío. Entonces estaba yo con mi hermana jugando en su habitación, que antes era el despacho de mi padre hasta que nací yo —«Todo era mejor hasta que naciste tú», bromeaban mis hermanos conmigo, y al final me acabó haciendo gracia esa broma—, una habitación pequeña… Umm, no se me da muy bien calcular en metros cuadrados pero ¿puede que tuviera ocho?, así a ojo, vaya, y, como toda la casa estaba dotada de un parqué del que mi madre presumía y cuidaba con esmero limpiándolo asiduamente con un bote amarillo en el que salía un canguro, o un ciervo, no recuerdo ahora muy bien. Y ahora que lo pienso, tiene sentido que sea amarillo, porque muchos de los miembros de la familia nos resbalábamos después de que mi madre echara ese líquido en el suelo e insistiera en que no lo pisáramos hasta que se secara, como si se tratara de un líquido compuesto por mondas de plátanos, aunque yo nunca haya visto en mi vida resbalar a nadie con una monda de plátano, supongo que, en este caso, superará la ficción a la experiencia…

En la habitación también había un armario de madera con adornos de flores pintados, pero el armario ocupaba mucho y mi madre siempre se quejaba de que prefería que fuera empotrado. Lo mismo pasaba en su habitación, que había un armario muy grande y majestuoso de madera pero que ocupaba mucho, pero en este caso mi madre no soñaba con uno empotrado, sino con una habitación entera que hiciera de vestidor solo para ella, y va, poco a poco, quitándonos hueco de todos de los armarios de la casa, sobre todo a mi padre. Lo fue consiguiendo, pero no se lo digáis, que luego se enfada conmigo. Y mi hermana y yo estábamos sentados encima de la cama, que también era de madera y tenía los mismos grabados de flores que el armario —supongo que mis padres, bueno, mi madre sería quien lo elegiría seguramente, la comprarían conjuntamente en un juego de estos de muebles para habitaciones de niños que venden en las tiendas de decoración de cualquier ciudad—, jugando a algo, no recuerdo muy bien a qué, y entonces, de pronto, como que me quedé abstraído —desde pequeño tiendo a quedarme abstraído mientras estoy en un sitio, aunque mi atención dividida me permite seguir en él sin ser un maleducado— y pensé: «¿Por qué Aznar es el presidente? —que, para mí, supongo que en ese momento significaba ser el dueño del mundo o algo así. No sé lo que piensan los niños sobre la política, la verdad. Aunque a veces les pregunte cosas a mis sobrinas, nunca conseguiré adentrarme del todo en esa compresión del mundo, porque ya no es la mía—. Es el presidente del gobierno, sí, y supongo que no lo formulé en estos términos tan técnicos, sino algo así como: «Si el que percibe la realidad soy yo, ¿por qué no soy yo el dueño del mundo si el que ve el mundo soy yo? Una idea así, ya digo que no me puedo aproximar a cómo la formulé realmente desde la mente de un niño de unos cuatro o cinco años, o tres, no sé muy bien. Y, bueno, creo que todo esto iba por mi primer recuerdo, aunque ese no es mi primer recuerdo, pero ahora estoy un poco cansado como para describir mi primer recuerdo. De hecho, no viene muy nítido a mi mente, aunque lo tenga sobrevolando por aquí.

Seguramente no sea mi primer recuerdo, porque, ¿sabes?, cuando eres más pequeño tienes más primeros recuerdos, o eso creo yo, lo que pasa es que se te van olvidando y por lo que sea solo se te queda grabado en tu memoria uno, como tantos otros recuerdos que, por alguna razón que tú, lector, seguro que sabes mejor que yo, se te quedan insertados en la mente para toda la vida. Bueno, para toda la vida es decir mucho, ¿no? Vamos a ver, porque van y vienen, no todos los días te vienen esos recuerdos, tiene que haber algo que los active, ¿no?, o sea, algo que se relacione con ellos, porque todo esto está relacionado, ¿no? Nuestra mente, quiero decir, nuestros recuerdos, ¿no...? Pues eso, que, ahora que me pides que lo recuerde, y después de todo lo que te he contado antes, pues sí que lo tengo más claro, más visible en mi cabeza, pero, si no, no, no lo tendría, no todos los días, ¿sabes? Es lo que estoy intentando decirte, pero creo que me estoy yendo por las ramas.

Pues eso, que, mira, cuando más me viene este recuerdo es cuando estoy en el *hall* de mi casa, en el final de este, contando que el principio es la parte que da al salón, porque, vamos a ver, si el principio de la casa es la entrada, pues el salón está justo al lado de la puerta, a un paso o dos a su derecha. En el otro lado, en un rinconcito que hay a la izquierda del arco que da paso al pasillo, ponemos el árbol en Navidad. Pues ahí, si me sitúo ahí, de verdad o en mi imaginación, y, mira, ahora que los dices, si está el árbol de Navidad hasta me viene mejor el recuerdo. ¿Puede que fuera Navidad cuando se originó este recuerdo? Pues no sé, porque ahora me imagino el recuerdo con un árbol ahí, pero... No, no, no puede haber un árbol ahí porque en esa época no poníamos el árbol de Navidad ahí, ¿o sí? Sí, vale, sí, sí que lo poníamos ahí, lo que está pasando es que yo ahora mismo pongo el árbol actual con el que se activa mi recuerdo dentro de ese recuerdo, ¿me explico?

Entonces, claro, si había un árbol de Navidad, que no lo tengo muy claro, no sería ese árbol. Por consiguiente, ¿nuestro presente deforma el pasado? Es una buena conclusión, ¿no? Si alguno de los dos supiera algo más de física cuántica podríamos decir algo más sobre el asunto, lo que desde luego estaría bien es que alguno de los dos o que la gente en general supiera algo más de cómo funciona la memoria, porque yo ahora mismo, realmente, no lo tengo muy claro, y la verdad es que me intriga.

Bueno, eso, que, si me sitúo en ese lugar, me viene más el recuerdo. Obviemos por ahora si allí había un árbol o no, tampoco importa tanto, ¿no...? Pues me veo así de pequeño, por el pasillo mirando al fondo, pero me veo desde dentro de mí mismo, claro, no desde fuera, y nada, miro el pasillo... y creo que había algo así como un triciclo o una especie de vehículo de niño donde yo estoy sentado a ratos también en el recuerdo. El triciclo, o lo que sea, tiene como una cara de payaso en la parte delantera, y a mí de pequeño me daban miedo los payasos, aunque ahí todavía no. No sé si había visto uno, pero no desde luego ese, sino el que me puso mi padre un día: la película esta del payaso maligno que secuestra niños y que luego resulta que es una araña. Un poco cutre, la verdad, aunque supongo que eran los efectos especiales de la época... A mí me daba mucho miedo el payaso, la araña no tanto, aunque la araña y el payaso son lo mismo... ¿Cómo se llamaba la película? Ah, sí, *It*, eso, la cosa.

El caso es eso, que me daba mucho miedo, pero luego le pedía a mi padre que me la pusiera... Es raro, ¿no?, desde pequeño he tenido una relación de amor odio con el miedo, con el miedo de las películas, las casas del terror y este tipo de cosas.

Quizá ese primer encuentro con los payasos, con la risa como algo perverso, algo a lo que temer, me marcara toda la vida. Creo que, con el paso de los años, he ido descubriendo que la risa es remedio y enfermedad para mi psique. Si sigo buceando en mi memoria, puedo encontrar mi primer encuentro con el sexo. Estábamos toda mi familia de noche en el salón, o al menos así yo concibo el recuerdo. Es un salón amplio del que siempre estuve orgulloso hasta que vas a casas de otra gente y ves que hay salones más grandes, que hay gente con padres con más dinero que tú. Pero ese no es el tema. El salón estaba iluminado por una luz cálida que provenía de la esquina izquierda. El salón es un cuadrado, o un rectángulo más bien, con una pared que lo separa del comedor. Nada más entrar por la puerta, puedes ver dos librerías: una a mano derecha, de madera antigua y llena de libros clásicos —la librería que yo siempre concebí como la librería de los libros importantes porque para mí, durante un tiempo, que el escritor no fuera español significaba que era bueno. Que tuviera nombres rusos, ingleses o alemanes le daba algo más de caché—, y enfrente, nada más entrar y acabando cerca de la ventana, solo separada de esta por un altavoz con flores encima, la librería verde, que por aquella época aún sería amarilla, porque creo con bastante certeza que, antes de que la pintaran de verde, era amarilla. Los sofás eran rojos y estaban abarrotados de cojines. Creo recordar que en la sala estaba toda mi familia, pero dudo de si estaba mi hermano. Solo sé que, subido a uno de los cojines del respaldo, empecé a restregarme con un cojín pequeño que era de flores y a decir: «Oh, qué gustito da esto», lo que provocó la risa desconcertante pero feliz de toda mi familia, o así me lo hizo ver mi psicoanalista pasados los años. El sexo provocó risa, y no castigo o enfado.

Estamos en medio de una sala. El suelo es blanco y negro. Se puede escuchar el sonido del vacío. De detrás de una cortina de terciopelo rojo, sale un hombre. Es alto, complexión ancha, lo que ahora se podría definir como fofisano. Va vestido con una sudadera gris, unos vaqueros de los que asoman unos calcetines blancos de Adidas y unas zapatillas Nike beis. Se sienta en el sofá y aparecen tres megáfonos a su alrededor y un cerebro. Academio está fumando un porro de marihuana, parece que está recordando algo, se mira al espejo y observa su sonrisa. Esa imagen lo conecta con su primer recuerdo. Los megáfonos y el cerebro comienzan hablar a gritos a su alrededor.

Dicen lo siguiente:

Voz 1. Mi hermana se reía como una posesa como si ella supiera mucho del sexo. Como si yo no hubiera tenido también un encuentro con el sexo, pero, claro, yo el suyo no lo podré saber, porque es una chica.

Academio se muestra inseguro ante ese sonido, intenta olvidar lo que escuchó.

Voz 2. Ya desde pequeño, ¡hasta mi propia familia se reía de mí!

Academio se levanta y le da un abrazo a ese megáfono. El megáfono se aparta.

Voz 3. ¿Me llegaría a correr? ¿Te corrías de pequeño? Yo ya era un semental de pequeño.

Academio se ríe y dice: «Anda ya, ¡flipado!».

CEREBRO. Piensa en qué diría de esto tu psicoanalista.

Academio asiente con la cabeza con un gesto sereno y pensativo y dice: «Joder, qué calidez había en ese salón, y qué feliz era de pequeño».

Nacemos envueltos en deseos ajenos. No nacemos de la nada, sino del deseo o la ausencia del deseo de unos padres, o de una madre soltera, o de un vientre de alquiler, o nacemos de una madre que nos abandona, que no nos desea, pero luego nos adoptan porque sí nos desean. Digo que nacemos del deseo y no de la nada. Nacemos condicionados. Y nacemos envueltos en un mar de voces que vamos poco a poco entendiendo: «Es un niño. Qué mono es. Tome, aquí está su hijo». Y nosotros lloramos porque no sabemos qué quieren decir todos esos ruidos. Podemos también nacer acompañados y tener un gemelo, o que pasen los años y tengamos un hermano, o una hermana o un hermane. La cosa es que no nacemos de la nada, traemos toda una mochila de deseos y palabras ya desde que el espermatozoide fecunda al óvulo.

Mi hermana y yo nacimos del deseo de nuestros padres, igual que mi hermano mayor. No me acuerdo de cuál fue el primer recuerdo que más me marcó de mi hermano, pero sí de mi hermana. Estábamos en una bañera juntos. Es evidente que, mientras pienso en el recuerdo, lo veo borroso, las imágenes de los recuerdos de nuestra cabeza siempre están envueltas en una cierta neblina, al menos las de la mía. La verdad es que la perspectiva desde la que recuerdo la bañera es desde arriba y desde fuera de la bañera, cuando yo estaba dentro de la bañera con mi hermana. Puede que recuerde cómo me metieron mis padres a cholón en la bañera, porque el recuerdo que tengo es de estar jugando con una bañera dentro de una bañera, una bañera de juguetes; no solo las naciones tienen naciones dentro, sino también las bañeras. Estábamos jugando con algunos muñecos, jugábamos a bañarlos en la bañera que estaba dentro de la bañera azul del primer cuarto de baño, el que está fuera de la habitación de mis padres, al final de pasillo. Recuerdo que ambos estábamos desnudos y que de pronto me fijé en que ella no tenía nada donde yo tenía el pito. No recuerdo bien cómo se solucionó esa sorpresa, solo tengo la imagen fija de la vagina de mi hermana. No sé cómo lo procesé, si me asusté, si pregunté algo, no sé ni siquiera si hablaba de aquellas, lo que sé es que ese recuerdo se quedó grabado en mi memoria.

No sé, por tanto, si fue entonces o después. No sé si la solución surgió de mi temor o fue otra de esas historias de nuestra familia que cristalizó en un nombre, en una palabra, en una manera de acotar lo diverso: un día la vagina de mi hermana pasó a llamarse pepe y, de nuevo, eso que provocaba asombro, extrañeza, se resolvió por la risa.

Lo que queda claro es que bucear en la memoria es hacerlo en un mar revuelto lleno de tiburones esperándote para darte un buen susto, o de bonitos delfines que te transportan con sus saltos a lugares maravillosos. Hay momentos, como en la vida de todos, en los que estás totalmente concentrado en el presente, como aquel día que jamás olvidaré en que estaba sentado en mi habitación, la habitación que compartí hasta que mi hermano se fue de casa. Era una habitación grande, de hecho, de pequeño estaba muy orgulloso de ella. Me parecía enorme, igual que mi piso, igual que mi salón, hasta que conoces a gente con más dinero que tú. Lo bueno es que, al menos, al también aprender que compararse es de acomplejados, una cosa compensa a la otra. El caso es que la habitación es grande, y está dispuesta como en una esquina. Desde la entrada al final, donde está situada la ventana que da a un patio interior, se puede trazar una diagonal. De aquellas, aún no había la estantería blanca que hay ahora, y enfrente a la cama, en diagonal opuesta a la diagonal de la ventana, solo había una pared azul, creo, y sin ningún cuadro, que yo recuerde. Estaba sentado en la silla de mi habitación, una silla de la cual solo puedo recordar que era de ruedas y que podía girar sobre sí misma. Estaba situada al lado del escritorio, que hacía una perpendicular perfecta con la ventana. Estuve sentado durante horas leyendo, sin pensar en otra cosa en esos momentos. Se me quedó grabado en la memoria.

De pequeño jugaba a un juego que me hacía sentir muy inteligente y que mi madre aprobaba con gran entusiasmo. Solo ella lo conocía. Ella y yo. Recuerdo volver del colegio mirando al suelo abstraído, de la mano de mi madre, mientras ella me contaba su día en el trabajo. Yo salía de mi cole, el Eusebio da Guarda en la plaza de Pontevedra, el edificio nuevo, el de la derecha, el que se construyó antes al lado de lo que antes era el instituto femenino. Entre estos dos edificios media una estatua de Eusebio da Guarda, quien durante mucho tiempo fue un símbolo para mí de alguien que había apostado por la educación para todos, pero de quien, sin embargo, un día descubrí que era un esclavista. Pero, vaya, supongo que es un pensamiento típico de la infancia el pensar que los mayores son perfectos, un pensamiento que se cae durante la adolescencia, cuando empiezas a pensar que el mundo es negro y que todos los adultos son malos y te engañaron, un pensamiento que se vuelve más gris, más atento a los matices cuando empiezas a entrar en la juventud, o en la edad adulta, y vas madurando y vas viendo que no todo es ni blanco ni negro y que todos tenemos fallas y virtudes, y que hay que tener una visión más de conjunto si de verdad no quieres volverte un fanático o un iluso.

Mi atención dividida, que ya se estaba desarrollando en mi infancia, me permitía escuchar a mi madre y jugar a mi juego cuando volvíamos por Juan Flórez, pasando por la plaza de San Pablo y por fin subiendo nuestra calle, la avenida de Arteixo, que por aquel entonces se llamaba la avenida de Arteijo. Recuerdo mirar las baldosas rojas y grises de la plaza de San Pablo mientras imaginaba que mi cerebro era otra persona diferente a mí: teníamos grandes diálogos sobre lo que me preocupaba y debía hacer, era mi amigo y mi consejero. Ya puedo divisar que hay dos tendencias en mi vida, aunque luego habrá muchas más: una tendencia a ser más tozudo, a mantenerme en mis enfados y en mis juicios más pasionales, mientras que mi amigo cerebro siempre me acaba sosegando, viendo las cosas con algo más de calma, mirando todo con una perspectiva más amplia. Siempre he pensado que todos tus yoes ya están más o menos ahí desde el principio, quiero decir, de pequeño uno también sabe comportarse como un adulto, con responsabilidad. Todos, desde el principio, desde el principio en el que ya hemos interiorizado más o menos la ley y la educación, quiero decir, sabemos lo que debemos hacer o no, no creo que haga falta que pasen los años para saberlo. Los años solo nos dan más repeticiones, más casos en los que elegir entre lo que debemos hacer y lo que no, entre lo que pueda que te apetezca y lo que no te apetece tanto pero sabes que es tu deber, o el deber que te han inculcado.

Perseo

«Si volviera a nacer, si empezara de nuevo, volvería a buscarte en mi nave del tiempo. Es el destino quien nos lleva y nos guía, Nos separa y nos une a través de la vida. Nos dijimos adiós y pasaron los años, volvimos a vernos una noche de sábado. Otro paisaje, otra ciudad, otra vida, pero la misma mirada felina. A veces te mataría y otras en cambio te quiero comer, ojillos de agua marina», sonaba en la radio mientras a Perseo le recorría una lágrima la mejilla derecha.

El humo grisáceo de un Ducados negro recién encendido sale a toda velocidad por la ventanilla de un Ford Mondeo de la década de los dos mil. Está cayendo el sol, anaranjando una tarde de verano en la que ha vuelvo a pasar, en la que el recuerdo vuelve a asfixiar la garganta de Perseo. Tiempo atrás quedan los años de abstinencia, ahora empieza a sentir el efecto del Orfidal de un miligramo y el lingotazo de JB —no servían Macallan en los bares de carretera— que se tomó para tragarlo mientras le decía al camarero «Gracias, jefe, y quédese con las vueltas» tan solo hace media hora en aquel bar de carretera de la autopista dirección a Barcelona. Al sabor amargo del Orfidal se le une bajando por la garganta ese resto de cocaína que tanto le gusta y que le recuerda a la raya que se hizo hace tan solo unos minutos encima del móvil, atrincherado en el baño de hombres, justo después de mirar a esa camarera, por la que ya no siente ni deseo ni atracción.

Hace tiempo que ya no ve a las mujeres como una posibilidad, sino como el recuerdo de una posibilidad perdida. Podríamos decir que Perseo es uno de esos hombres que tienen dificultad para lidiar con el género opuesto. Lleva años de fracasos amorosos y acumula bastantes situaciones en las que ha hecho sentir incómoda a una mujer, por no decir que Perseo no se maneja muy bien en la línea entre ligar y acosar a una mujer; su psicoanalista así se lo dijo, que era mejor que fuera franco y se declarara pronto a las mujeres que le gustaban, ya que, si trataba de ligar jugando, sin ser tan directo, podrían repetirse esos problemas.

Pero ha vuelto a pasar. Perseo sigue conduciendo y lo invade otra vez ese dichoso recuerdo, otra vez esa sensación de nostalgia que le impide avanzar en su vida: él corre, se revuelve desbocado mientras una cuerda que lleva el nombre de Noelia le dificulta seguir avanzando. Han pasado casi trece años y aún no es capaz de olvidar aquellas primeras semanas en la clínica de desintoxicación: se negó el derecho de saber más, de preguntar, de aclarar aquella duda que aún hoy todavía lo mata, aunque todos menos él sepan la respuesta; y, desde entonces, intermitente, su cabeza le vuelve al pasado para clavarle una pequeña espina en el corazón que jamás lo deje volver a ser él, a tener confianza, a sentir su vida como si fuera suya y no la de un mero espectador.

«Si no llegó a pasar nada…», le repiten una y otra vez sus amigos, sus familiares, la gente que lo quiere, que quiere que avance, y, aunque se olvide durante meses y parezca que su vida vuelve a coger carrerilla, de pronto vuelve alguna imagen, algún olor, una sonrisa, unos ojos sombreados de negro, aquella mirada, y todo lo andado se desanda y Perseo vuelve a necesitar anestesiarse. Anestesiarse para no sentir otra vez la culpa, otra vez la sensación de haber caído en el mismo error: hacer sentirse incómoda a una mujer por no saber moverse en los límites. «¿Y por qué me volvió a seguir semanas después, cuando yo ya me había ido, cuando había decidido no molestar más?».

Perseo vuelve de Madrid a unos cien kilómetros por hora, nunca se le olvida que está conduciendo una antigualla, un coche de más de treinta años que si sigue andando es por todo el dinero que se dejó en él en reparaciones, en hacer real aquel sueño de infancia de tener un Ford Mondeo beis como el del anuncio. El interior está cuidado, salvo el cenicero, que está lleno de colillas. La tapicería de tela se mantiene cuidada y limpia; Perseo se esforzó el retapizarla cuando compró el coche de segunda mano. Un coche que, a decir verdad, ya no le gusta, dejó de gustarle a medida que avanzaba en edad, pero Perseo es de esos románticos que aún trata de cumplir lo que se prometió de niño. Y fue sabiendo con el tiempo que la promesa que lo seguiría toda la vida es esa que nunca se cumple y que lo lleva a esa sensación de culpa: encontrar el amor de su vida.

Perseo se refugia en recuerdos y nostalgias de amores que pudieron serlo, el de Noelia es uno más, pero del que nunca se supo el final, no al menos él, porque, si una mujer no se pregunta por ti en trece años, no quiere saber nada de ti en ese tiempo, cualquiera menos Perseo entendería el mensaje, habría cerrado la historia. Pero Perseo era un soñador que solo a base de hostias de realidad se va cayendo de las nubes que dibujan su cielo de promesas y deseos de juventud. Un cielo cada vez más gris y encapotado. Tantos fracasos, tantas promesas sin cumplir, acaban agotando a cualquiera, hasta al más soñador de los soñadores, como es Perseo.

«No será lo mismo imaginarte que poder estudiarte con detalle», suena en la radio del Mondeo, y a Perseo lo invade otra vez otro pensamiento intrusivo de cuando envía a una mujer un mensaje que puede o no, según ella se lo tome —normalmente, para con Perseo, mal—, acercarlo más a ese lado oscuro, a esa parte que vuelve una y otra vez, a ese destino del que jamás escapa: hacer sentir incómodas a las mujeres.

Y vuelve de Madrid con las dos manos, ahora sí, en el volante después de apagar el cigarro en el cenicero y beber un trago del agua que estaba encajada sobre el posavasos del antiguo coche. Vuelve de esa gran ciudad que es Madrid, donde ha asistido a otro de esos congresos de las muchas sectas laicas a las que ha pertenecido o pertenece, la Escuela Lacaniana, un rasgo de carácter que se podría remontar a los resquicios de su yo del pasado católico que resurgió durante unos meses en los que convivió con Noelia en la clínica y la sola presencia de Noelia y de su aura y de la posibilidad de que ocurriera algo, unido a un pequeño número de casualidades, lo hizo creer en Dios de nuevo. Hasta que lo de Noelia se quebró, porque siempre estuvo quebrado a pesar de esos momentos que a él le parecieron tan importantes y que podemos ver, con una perspectiva diferente a la de un neurótico obsesivo enamoradizo, que quizá solo estuviéramos ante una mujer simpática, bromista y a la que le gustaba gustar, pero que no quería nada contigo, Perseo.

Un congreso en el que le ha tocado exponer lo que para él son las mejores formas de abordar a un paciente adicto, basándose en sus desarrollos teóricos, la mayoría deudores de esa tesis que estaba haciendo cuando conoció a Noelia. Porque en aquellos años en los que la conoció, a Perseo seguramente le pareciera que hacer una tesis y todo el conocimiento que poseía a su edad le resultaba atractivo a Noelia, pero lo más probable es que a ella le resultara indiferente, de hecho, si buceamos en los primeros días que pasaron juntos, Noelia les contó a él y a Pedro que tenía ganas de follarse un malote, y ¿es un malote alguien que hace una tesis? O alguien que tiene un TikTok de divulgación, como presumía Perseo por aquel entonces. Buscaba malotes, igual que Aitana, otra chica de la que estuvo colgado y con la que tampoco consiguió nada. Seguramente, Perseo les pareciera un chico interesante, sensible y con el que se puede hablar, pero ¿cuándo eso ha atraído de verdad a una mujer? Noelia tenía toda la vida por delante, podía tener a quien quisiera, estaba renaciendo e ¿iba a perder el tiempo, echarse encima las cadenas de un tío depresivo, alcohólico y cocainómano que con veintisiete años aún no tenía trabajo? Y que, además, cuando se le daba un poco de confianza, te hacía sentir incómoda con sus mensajes empalagosos.

La conferencia iba sobre el abordaje psicoanalítico de las adicciones, en concreto, qué procedimiento debía seguir un psicoanalista cuando un paciente con adicciones acude a su consulta. Perseo expuso sus tesis basadas en la teoría que había desarrollado años atrás en la escritura de su tesis doctoral y en su corta pero incipiente carrera como psicoanalista. Perseo fue contratado como sustituto algunos años para dar Filosofía Política en la Universidad de Santiago de Compostela. Como trabajo habitual, impartía clases de economía en A Coruña en el instituto Liceo la Paz y además ejercía de psicoanalista en la consulta que había en uno de los rincones de su casa, bueno, de su casa alquilada: la situación económica de Perseo, como la de muchos otros jóvenes, ya más bien adultos, no había dado los suficientes beneficios para la compra de una casa.

Perseo había escrito algo sobre su apartamento en su diario y andaba rumiando sobre ello mientras conducía.

Recuerdo la primera vez que invité a una mujer allí. Había salido con Víctor, necesitaba hablar y yo siempre era un buen oído en estos casos: no decía demasiado. Sabía que la gente no necesita mucho en esas situaciones, con que estés allí, con ellos, que crees un clima confortable donde puedan explayarse, sin demasiadas intervenciones, sin mucha gente alrededor que los pueda oír, que puedan incrementar esa manía obsesiva de la que todos pecamos con mayor o menor intensidad y que, con cierta o poca frecuencia, nos hace creer que todo el mundo conoce —y no solo conoce, sino que le interesa— nuestras complicaciones y problemas. Con todo eso, parece ser suficiente.

Un pub tranquilo, luz tenue, no demasiado oscura, una buena selección de música, algún que otro comentario, alguna situación similar a la suya que lo pueda hacer sentir comprendido; algo de beber, el alcohol siempre suelta, nos desinhibe, nos acerca y produce cierta verborrea. Nos sentamos en la barra, de mármol blanco apoyada sobre un soporte de madera negra —no había apenas mesas—. Pedimos dos pintas, pagué yo. Desde que cobraba, era habitual, había pasado muchos años viendo cómo mis amigos podían considerarse independientes y tenía que compensarlo, sé que era una tontería, un complejo, y sabía, en teoría, racionalizarlo. El corazón tiene razones que la razón ignora, y a mí me pedía invitar, disfrutaba haciéndolo, me gustaba la imagen que proyectaba un individuo cualquiera abriendo una cartera y diciendo: «Cóbrame».

Los dos habíamos dormido poco, teníamos ojeras, nos distraíamos con facilidad, teníamos el pensamiento invadido de recuerdos. La mirada llena de ese polvo blanco que produce la despersonalización, parecíamos arrojados a un mundo que no era nuestro, mirando con distancia y extrañeza nuestras propias vidas en aquel lugar en el que nos encontrábamos, ansiando que algún día esa sensación desapareciera, que volviéramos a sentirnos aquí, a gusto, sin esa lejanía ni esa mirada borrosa que nos acompañaba ya desde la noche de los tiempos. Era uno de esos fines de semana en los que trasnocharía algo de más, o al menos así estaba estipulado, llegaría a casa a eso de la una, leería por placer, sin querer llegar a ningún puerto, y quizás dejaría correr al pensamiento algo más de la cuenta.

Nadie habría pensado que dos mujeres entrarían aquella noche en el bar y que se sentarían enfrente de nosotros, en una mesa. No estaba escrito en ningún sitio que su mirada se encontrara con la mía, que el primer contacto de esos ojos azules, cristalinos, perfectos, describiera una recta directa, intencionada, hacia el centro de los míos, conformando un presagio, la sensación de que algo estaba por venir, que nada sería ya casual, que no era un cruce cualquiera, como aquella mirada perdida de aquel bebedor solitario al fondo de su copa. Nada sería ya igual. «¿Me llamarás mañana?», y ese acento del este retumbando en mi memoria unos días más.

Nos teníamos enfrente uno al otro, y los dos fingíamos que seguíamos allí, cada uno cumpliendo con su deber, escuchando a Víctor y a Raquela, mostrando interés, siendo sus interlocutores: algún «aja», otro «sí», repitiendo la última palabra, enunciando algún comentario estipulado. Los dos ya nos veíamos en otro lugar, en uno que sería nuestro por una noche; crearíamos una pequeña isla más en la inmensidad del mundo, íntima, diferente a todo aquello a lo que nos acostumbraba la semana. Víctor, una vez más, rompería aquella tensión. Siempre me habían dado algo de pavor las mujeres; aquí, como en otros muchos puntos de mi vida, se solía levantar un invisible muro entre aquello que quería ser y a lo que me atrevía, como esa sombra borrosa que torna la vida en dramaturgia, que te saca de este mundo, te retrae unos centímetros, te bloquea el habla, te acelera el pensamiento y te hace ser un alma que camina al compás de una brisa que la lleva sin rumbo, ni establecido ni suyo. Me veía incapaz de iniciar una conversación, un gesto, algo que decantara la balanza en favor de aquel archipiélago que nos estaba esperando: el agua que nos unía —y que estaba en nosotros, en los dos, en Víctor y en Raquela…— estaba aún helada, resquebrajada en piezas de puzles que no encajan. Toda aquella intensidad de mi mirada, toda su profundidad y delicadeza, debían traspasar el muro, la verja, la frialdad y lentitud que provocaba mi timidez. No iba a ser aquel el día. A Víctor Cabezal no le falto más que un poco de ebriedad y un sencillo: «¿Estáis solas?».

—No parecéis de aquí. Podríamos enseñaros la ciudad, bueno, quiero decir, su noche —dijo Víctor para que ellas se acercaran sin ningún recelo, con plena confianza y esa sonrisa característica del enchispamiento que deja un buen vino.

Valiente, audaz, pero a mí no dejaba de causarme cierta duda y vergüenza: un comentario así, depende de para quién, en qué contexto y con una u otra conciencia, individual o colectiva, podría ser visto como algo indecoroso, machista incluso, no por otra cosa, sino por esa creencia subterránea en mi amigo —o al menos en la interpretación que yo hacía siempre de su comportamiento— de que a aquellas dos mujeres les apetecía que alguien se acercara a hablar, que la esfera que formaban sus conversaciones era insuficiente, que estaba agujereada y esperando que alguien como Víctor se colara por alguno de aquellos ventanales.

Víctor hablaba:

—¿De dónde sois?

—Yo soy de aquí, pero llevo unos meses viviendo en Madrid, solo estoy de visita.

—Yo nací en Rusia, pero me siento de aquí.

Y yo seguía absorbido por pensamientos así, hasta que llegó un punto en el que me di cuenta de que llevada dos minutos callado, asintiendo y ensimismado, arrepentido a partir de ese instante, tratando de compensarlo con alguna broma a destiempo y algún comentario acelerado:

—Los rusos y los españoles nos parecemos mucho, al menos, en la literatura.

Después me percataría de que ese silencio, esa indiferencia inintencionada, aquella capacidad de análisis e interpretación que se volvía a menudo paralizante, esa característica inamovible de mi ser, no solo podría, sino que había resultado atractiva a una mujer, a aquella dulce Verónica, вероника, hija del clasicismo estalinista y de un retablo de la catedral de Toledo.

Su padre se había mostrado siempre imponente: aquel torso firme, recto, siempre mirando al cielo, como si el sol saliera por él, por sus amigos, por aquellos que llevaban años trayendo la prosperidad y el hombre nuevo, aquella nueva sociedad, el nuevo advenimiento que no terminaba de estallar, de eclosionar, de colmar todos aquellos espíritus que precisaban algo fuera de este mundo: la ciudad (roja) de Dios. Miembro en sus últimos años de la corte de Brézhnev, su padre, León, siempre ataviado con esos ceñidos uniformes verdes, con sus medallas engalonando aquellas pasadas y gloriosas hazañas por la patria, el pueblo, la victoria final. León era un fiel defensor de la vieja guardia, de aquel autoritarismo, de sus diseños racionales, de la planificación ordenada, de esa disciplina: todo aquello abandonado durante el frío de Kruschev y que tanta prosperidad había traído al pueblo y, por supuesto, pero siendo esto menos importante para él —así se decía sin vacilaciones, como quien ya se cree su propia mentira—, a su familia. Eso es lo que pensaba su padre, el abuelo de Verónica, miembro como su hijo de la corte, él de la de Stalin, y lo había tratado de trasmitir a sus hijos y más difícilmente a nietos como Verónica, siempre locuaz, crítica, dubitativa, siempre a la contra del entorno en el que se había criado.

Ella era como su madre, había sabido salvar parte de la patraña que le contaba su padre. Toda esa liturgia, todo ese terror, toda esa incoherencia, había valido de algo: había hecho penetrar en las dos, en Verónica y en su madre, una preocupación sincera por la igualdad, por los derechos laborales y por un ideal de comunidad más altruista, más fraterno, pero nada más allá.

Su madre era puro barroco toledano, era sensualidad y opulencia, cuidado del detalle, pero no en esa manera fría y aséptica del clasicismo de su padre, ni de otros retablos vecinos, sus viejas amistades de Toledo, afines al clasicismo madrileño. Su detallismo era una atención para el florecimiento de la atracción, de la mujer que se viste para sí, para dar rienda suelta a sus pasiones, a su fuero interno, para verse a sí misma como una obra escultórica, para amarse, sin ahogarse, y para romper esa distancia y apaciguamiento, ese gusto por la frugalidad de su marido, para sacar su jacobinismo para ella, para alimentar su inagotable deseo, ese que asomaba discreto tras su gusto delicado debajo de tanto algodón, de tanta lana y seda: allí esperaban encaje y liga.

Su madre, Dolores, había huido a la URSS en la antesala de los últimos años del franquismo, creyendo que allí encontraría lo que quería. Estudiante de Derecho, siempre comprometida con los grandes ideales y su plasmación práctica, los grandes diseños institucionales, las cartas de derechos, las constituciones, los frenos y los contrapesos, todo aquello de lo que se olvidaría al conocer a su marido y que no encontraría en aquel enorme país del que tanto hablaban sus compañeros de clase. El tiempo le haría recobrar la memoria. Acomodada y estable por la posición de su marido, nadie podría pensar que pasaba largas horas estudiando, leyendo, subrayando aquellos libros que provenían de Europa, de Estados Unidos, de sus mejores universidades, puesta al día en los últimos avances en Derecho Político y la emergente Political Science, tomando ideas para la débil militancia que ejercía junto a algunos conocidos que pretendían, como ella, traer a Rusia un socialismo más abierto y democrático. Con la transición y la llegada de la democracia a España, Dolores regresaría a Toledo, llevándose a su hija consigo y dejando el frío de Moscú —y de su marido— atrás.

Verónica era hija de todo aquello, pero más que nada era suya, era вероника, aquella niña locuaz, atenta, aparentemente reservada y fría que siempre había sabido crear un cierto equilibrio entre esos dos polos opuesto de referencia. Precavida, asertiva, racional más que su amiga, y sin olvidar su plan: salir a bailar juntas, a olvidarse del resto del mundo, del trabajo, de la monotonía, de los hombres, del ruido de la ciudad, de todos aquellos condicionantes que les impedían florecer con naturalidad; pero también, como su madre, combativa, con temperamento, capaz de ir más allá de aquello que había diseñado hace unas horas, capaz de dejarse llevar como el torrente de un río prominente, agitado, con furia, pero consciente en todo momento de su curso. No existía una dicotomía entre esos dos extremos, no era hoy esto y mañana aquello: Verónica era un aire, un fluido que se va filtrando entre dos rocas resquebrajadas, recogiendo sedimentos, rechazando otros; un constante transitar entre un poso de herencias, de recuerdos, de memes; pero también un flotar que se hace a sí mismo en un construirse diario entre un afuera y un adentro cada vez más desdibujado.

Fui percibiendo alguna de esas cosas a medida que ella se soltaba, que sentía que nuestra presencia era amigable, confortable, hasta divertida. Otras saldrían luego de Verónica cuando nos quedáramos a solas, como un cúmulo de confesiones que rara vez se sentirían mejor en otro lugar. La noche fue avanzando, la luna, bajando. Salimos de aquel bar, ya entregados totalmente a ella, a sus melodías, sus luces, sus destellos, y a la coordinación de dos cuerpos que desean dejarse desear.

Recordaríamos, si nos volviéramos a ver, que perdimos intencionadamente a nuestros amigos. Llevábamos más de diez mil pasos de aquel sendero que habíamos trazado juntos y, aunque personas aletargadas, extasiadas y ensimismadas por el alcohol y otras sustancias avanzaran en paralelo con gritos y gestos obscenos, intentando cruzar aquella línea ficticia que juntos habíamos trazado, nadie, por mucho que corriera, podría alcanzarnos: el destino ya estaba unido, por unas horas de noche y unos minutos del amanecer.

Recordarías, si no nos hubiera dado tanto miedo todo lo que sentimos aquella noche, que recorrimos las calles, los bares, los parques y paseos conversando, contando todo aquello que con nadie habría corrido con tanta rapidez y delicadeza, observándonos sin parar, a veces desde dentro, a veces desde fuera, como un hombre y una mujer que se ven a veces viviendo una película y que, por una vez en mucho tiempo, nos gustaba, era nuestra.

Caerías en la cuenta, si no hubiéramos tenido tanto que hacer, tantos sitios a los que viajar, tantas obligaciones, citas y conferencias, que fuimos tocándonos poco a poco, como dos personas que todavía conservan en un pedestal y le dan un significado de pureza e ilusión al primer contacto de alguien que lleva horas atrayéndole; que nos costó empezar a intercalar miradas y sonrisas cómplices; que, cuando me diste la mano en aquel paseo de playa, los dos sentimos algo: el calor, una sensación en la frente que nos llevó a cuando éramos pequeños, esa conexión que recorría nuestra cara al ver a alguien familiar concentrado en algo importante, que nos hacía sentir su frente como un imán siente a otro al acercase; que fue algo especial, algo que hacíamos todos los días, pero que volvía a ser aquello que dos personas románticas y alejadas de este mundo habían deseado de otra forma, como un nuevo vínculo iniciado. Dos manos suaves, blancas, dedos finos, que se aprietan acariciándose, que se entrelazan y caminan al compás de dos cuerpos que quedarían desde entonces unidos, no en el tiempo, no en la compañía del espacio: para la eternidad del recuerdo añorado.

Nos besaríamos en lo alto de aquel parque desde donde podía verse toda la ciudad, los edificios antiguos, con esa majestuosidad y encanto que tanto nos gustaba a los dos, los monumentos, los trazados espontáneos y planificados de una ciudad que es herencia del tiempo vivido. Nos besaríamos, acercándonos el uno al otro, mirándonos a los ojos, acariciando nuestras caras, cada uno de sus surcos, contornos y expresiones, sintiendo tu respiración cada vez más cerca, con cada vez más ganas de juntarse con la mía.

Los primeros rayos nos recordarían que hay un mañana. Te invitaría a desayunar a mi casa, después de todo, había instalado una pequeña nevera donde guardas mis cosas, sin tener que acudir a aquella sala común que tanto detestaba. Caminarías conmigo de la mano, jugando, saltando, corriendo y persiguiéndome, juntándonos de nuevo para abrazarnos, para hacerte alguna broma, para ver tu sonrisa una vez más, sin saber aún que sería una de las últimas. Desayunaríamos en esa mesa donde ya empezaba a dar el sol y que nos haría más conscientes de nuestra borrachera, haciendo del desayuno otro juego de niños, otro más de esa noche en la que los dos sacamos aquel pequeño que nunca habíamos dejado de llevar dentro. Te regalaría una de mis poesías de aficionado, con una dedicatoria para que jamás me olvidaras: «¿Te veré mañana?». Y ambos supimos la respuesta: lo que habíamos empezado aquella noche nos daba demasiado pavor, nos arrojaba al abismo.

Ella se iría en dos semanas a Canadá durante dos años, y yo tenía los últimos meses para la oposición. Quizá en un futuro, en tiempos mejores, cuando fuéramos más valientes. Nos despedimos como si nos fuéramos a ver pronto, no queríamos que doliera más. A los dos nos costó dormir; a los dos se nos ocurrió llamarnos y mandarlo todo a la mierda; el sueño nos venció, como si fuera el hermano malo de una alcahueta; nos levantaríamos al día siguiente, con el mayor placer y la mayor tristeza sentida en años. Te veré mañana.

La resaca duraría una eternidad; esa sensación de culpa, de oportunidad perdida. No volveríamos a sentir así, caeríamos de las cumbres, dejaríamos de rozar las nubes, encerraríamos otra vez el torrente del alma: se dividiría en pequeños riachuelos que marchan en calma; dos gotas se han evaporado; dos balsas se dejan llevar por corrientes paralelas; dos hojas se secan, y un árbol se eleva sobre ellas.

De pronto, la caída de un vaso me despierta de mi ensoñación: dos cubitos de hielo de un whisky on the rocks me golpean el zapato; el vaso estalla entre pedacitos y suena un grito de disculpa. Estoy sentado en la barra del bar, Víctor se ha ido con las dos chicas a bailar y yo le he dicho que iría en un rato. No me dirigí a ellas en toda la noche, me quedé en mi lugar de la barra, apurando una tras otra cerveza y pensando.

Perseo es un tipo alto para su generación. En los años que corren, su estatura ya se encontraría en la media: medía uno ochenta y tres y pesaba ochenta y cuatro kilos. Fue muy delgado en su juventud, hasta que con veintipocos años tuviera que verse ya con los primeros psiquiatras que le recetaran medicamentos que le daban hambre y le ralentizaban el metabolismo. «Te voy a dar algo que te va a poner más alegre y ya verás cómo engordas un poco y te pones más fuerte», le había dicho la primera psiquiatra que visitó en el hospital San Rafael.

Perseo todavía recuerda cómo les hizo a sus padres buscar en la lista de psiquiatras del seguro a una que estuviera lejos del centro; los porros lo habían dejado tan paranoico que tenía miedo de que algún amigo lo viera ir a un psiquiatra. Eran tiempos en que la cultura de la salud mental no estaba muy extendida entre la población, y menos entre la población joven. Aún recuerda Perseo cómo aquel amigo suyo escupió el café de la risa que le provocó la cara de susto que puso en uno de los primeros ataques de pánico que sufriría Perseo en su vida y que lo acompañarían, por épocas, el resto de su vida.

Con sus ochenta y cuatro kilos y su metro ochenta y tres, Perseo para en una gasolinera de Repsol; lleva un cuarto del camino que va hasta Barcelona por la A-2. Pide que le llenen el depósito de gasolina y va a pagar: 54,83 euros, refleja la pantalla donde Perseo paga con tarjeta. Vuelve al Ford Mondeo esquivando un Range Rover que estaba aparcado justo al lado de la puerta de la tienda. Hubo una época en la que estuvo obsesionado con los coches: de pequeño, leía la revista Car and Drives y sabía identificar todos los modelos que veía por la calle. Aunque ha pasado el tiempo y el conocimiento de Perseo haya ido menguando, sabe perfectamente que está ante un Range Rover Velar de color gris. Coge su Ford Mondeo y se dirige al restaurante de la estación de servicio. Es un restaurante como cualquier otro, tiene mesas marones cuadradas con manteles blancos y la sonrisa del camarero que te invita a sentarte en una de las mesas. Pide una Estrella Galicia y comienza a pensar mientras la comida va llegando y él va comiendo:

«Seguramente no sea mi primer recuerdo, porque, ¿sabes?, cuando eres más pequeño tienes más primeros recuerdos, o eso creo yo, lo que pasa es que se te van olvidando y por lo que sea solo se te queda grabado en tu memoria uno, como tantos otros recuerdos que, por alguna razón que tú, lector, seguro que sabes mejor que yo, se te quedan insertados en la mente para toda la vida. Bueno, para toda la vida es decir mucho, ¿no? Vamos a ver, porque van y vienen, no todos los días te vienen esos recuerdos, tiene que haber algo que los active, ¿no?, o sea, algo que se relacione con ellos, porque todo esto está relacionado, ¿no? Nuestra mente, quiero decir, nuestros recuerdos, ¿no…? Pues eso, que, ahora que me pides que lo recuerde, y después de todo lo que te he contado antes, pues sí que lo tengo más claro, más visible en mi cabeza, pero, si no, no, no lo tendría, no todos los días, ¿sabes? Es lo que estoy intentando decirte, pero creo que me estoy yendo por las ramas».

Perseo paga, deja dos euros de propina y se dirige de nuevo a su coche. El camarero lo persigue y lo agarra por el hombro:

—Se deja usted esto. Es una cruz con la que estuvo jugueteando mientras esperaba a que se enfriara el café, es suya.

—Creo que te equivocas, yo no estaba jugando con ninguna cruz. De todas formas, puedes quedártela.

—De acuerdo.

Perseo llega a Barcelona al anochecer; las calles anchas y largas dibujan diagonales en el cielo de un lado a otro de la ciudad. Perseo las atraviesa hasta llegar a la avenida de Balmes, pasado el barrio de Gracia, donde un amigo lo ha dejado quedarse un día alojado. Perseo quiere tomarse unos días de descanso en la ciudad en la que vivió cuando tenía veintiséis años. Después volverá a A Coruña. Deja el coche en un sitio relativamente cerca del piso, deja la maleta y, al sentirse angustiado, decide a salir a dar un paseo.

Camino por la noche de Barcelona, es primavera y el calor empieza a extenderse por las noches. Llevo unos shorts beis, esperando que, a medida que avance el mes, dejaré de fijarme en ellos y pensar si es la ropa adecuada para pasar a ser una parte normal de mi ropa de verano, o del casi verano, vaya. La luz también se extiende hacia la oscuridad y los días son cada vez más largos; las terrazas están abarrotadas, es sábado y la gente busca un poco de euforia que la salve de la monotonía de una semana de trabajo y estudio, o eso buscaría yo. Puedo oír las conversaciones en catalán de un grupo de chicos y chicas a los que envidio por tener algo que hacer esa noche y por dominar una lengua que les da un sentido mayor de pertenencia a estas aceras de piedra que dibujan mi camino de vuelta a casa. Algunos beben Estrella Damm, otros, San Miguel, y a los que miro con aprobación, Estrella Galicia; no sé si mi aprobación nace de creer que tienen buen gusto, pues no hay gallego, y supongo que yo lo soy, que no piense que su cerveza es la mejor, o simplemente porque contemplar ese botellín oscuro, traslúcido, marrón, con una etiqueta negra y roja con adornos dorados me hace sentir más en casa.

Voy pensando en tomarme un ansiolítico, meterme esa pastilla rosa debajo de la lengua, esperar a que se disuelva lentamente, entre un sabor medio amargo que recorre la parte baja de tu lengua, y que vaya haciendo su efecto: algo que me quite esta tristeza y estas ganas de llorar que me han surgido desde que Patricio me dijera que mañana no haremos nada juntos porque ha quedado con una chica. Parezco aún un niño triste al que le mandan irse a su habitación a dormir para que sus padres puedan intimar, intimar sin él, pues, aunque le cueste creerlo, ellos tienen una vida en común más allá de la que comparten con él.

Paso por la terraza del Meu Poble esperando encontrar a algún amigo que salve esta noche en la que me vuelvo a sentir solo. El bar está como siempre, la terraza está llena, pero el interior no es como otras veces en las que tanto he disfrutado: las mesas y sillas de madera están prácticamente vacías y la camarera y el dueño chino respiran con un poco de tranquilidad por no tener que sufrir otra de esas noches de fútbol. La máquina tragaperras, con sus luces y sonidos, con sus manzanas, limones, cerezas y demás frutos, se mantiene encendida esperando a que alguno de los vecinos que tanto la visitan introduzca sus monedas y obtenga un poco de vitalidad, un poco de adrenalina. Y allí no está ninguno de mis amigos, ninguno de los que juegan a las tragaperras y de los que no, de los que beben San Miguel y de los que beben Vol-Damm, de los que me aguantan cuando me pongo gilipollas y de los que no, de los que tienen un futuro y de los que aún lo están buscando. Avanzo por la calle que llega a Balmes, en la que no hace mucho pegaron a Pol y a Esteban, con algo menos de preocupación, pues ya ha pasado un tiempo del suceso y mi mente ya no le da tanta importancia, como pasa con esas noticias que, por el paso del tiempo y la urgencia periodística, van desapareciendo a medida que aparecen otras: del cambio climático a la pandemia, de la pandemia al asalto del Congreso estadounidense... y ahora la guerra, que, tras dos meses, ya no importa tanto: el tiempo no deja tiempo para nada, todo está acelerado. Y el piloto automático que me dirige a casa continúa su camino, y un amigo me sorprende al grito de:

—Alto esto es un atraco.

Es Esteban, y parece que él también ha superado lo que le pasó hace unas semanas.

—Hombre —digo con un ademán entrecortado y de entusiasmo por ver una cara conocida.

—Venga, guapo, nos vemos.

Y esta noche me ha importado más el no poder quedarme con alguien conocido que me salve de la soledad, del miedo que me acompaña desde pequeño a los atracos, a los asaltos que no espero en medio de la calle. Y sigo avanzando por la calle, cruzo el paso de cebra de Balmes a plaza Molina, me dirijo a la bocacalle del metro y entro al recinto, a la línea 7, y el andén, oscuro, iluminado artificialmente por una luz amarilla. Accedo a un andén que me recuerda, por la forma del letrero blanco, rojo y azul, como un rombo acostado, que reza plaza Molina, al de Madrid, donde conocí a Carmen, que ahora me da igual, o me he obligado a que me dé igual. Está prácticamente vacío, como me siento yo ahora, como tengo el estómago, porque no he cenado, porque ayer me gasté todo lo que tenía en beber; como tengo el corazón, si el corazón fuera la casa de los sentimientos y no un órgano más de un animal que se cree demasiado diferente de los demás.

Me siento y miro la pantalla y faltan cinco minutos, que, en este mundo que va a la deriva, sin rumbo, es una eternidad y que, cuando me doy cuenta, después de unas decenas de estímulos salidos de mi móvil, de los que algo quedará en mi mente y luego aparecerá en sueños, han pasado, y el ruido del tren y la luz de sus faros se asoman entre el silencio y la oscuridad del túnel y deseo que no haya nadie en la puerta que se ponga delante de mí para poder satisfacer mi humilde deseo de darle yo al botón que abre la puerta, no tan placentero como el de girar la manilla de los trenes más viejos, como el de la línea L3, que me hace sentir en casa, en aquel año en que Gracia y la línea L3 eran mi casa.

El tren llega casi vacío y pulso el botón rodeado de luces verdes, me meto dentro y busco un sitio en el que no haya nadie y desde donde pueda contemplar la pantalla donde anuncian las paradas. El tren llega a su penúltima parada y subo las escaleras que dan a la salida del metro en la parada de enfrente de mi casa, esa casa que aún no siento tan mía, más cómoda, más barata, con menos malos recuerdos, pero, en definitiva, menos mía, porque allí no me espera nadie con quien hablar, nadie con quien fumar, nadie con quien reír antes de dormir. Abro el portal lentamente y está oscuro, y la portería está ahí como resquicio de un tiempo pasado, igual que la puerta de acceso al servicio, vestigios de una Barcelona que ya no es así, pero en la que sigue habiendo servicio, en la que sigue habiendo clasificaciones sociales, aunque ya no las dicte la puerta de acceso a una villa. Y subo en un antiguo ascensor que me recuerda al viejo ascensor de mi antigua casa al que bauticé «el ascensor del Titanic» y que tan buenos y malos recuerdos me trae. Abro la puerta de la casa lentamente intentando no molestar a nadie y pronto la luz automática se acciona y deja ver los viejos cuadros, el viejo sofá en el que nadie se sienta. Recorro el pasillo rápidamente esperando no encontrarme a alguien y entro en mi habitación y enciendo las dos luces que dan algo más de calidez a la habitación que la luz de arriba y me siento un poco en casa. Me desvisto tratando de guardar un cierto orden, pues antes de irme recogí la habitación, y espero que dure un tiempo y ciertas cosas cambien en mi vida y venga un poco más de orden, de tranquilidad, de escritura y lectura. Y me tumbo sobre la cama y pienso que me gustaría saber cuál es mi relación con la soledad.

Recuerdo esos momentos en los que un amigo no me invita a salir con él, o que prefiere salir con una chica antes que quedarse conmigo, y recuerdo lo triste que me siento y la envidia que siento por la intimidad que él va a compartir con esa chica y yo no, porque no tengo demasiado éxito con las mujeres y, sin embargo, sería lo que más me gustaría: tener una persona del género opuesto con la que compartir lo solo que me siento, alguien que me levante de mi ánimo melancólico y depresivo, alguien que, sencillamente, me dé un motivo para levantarme esas mañanas que me quedo pegado a las sábanas sin querer enfrentarme al mundo, al día que me espera. Porque soy una persona que vive bien consigo misma, que, cuando acepta que va a pasar un rato sola, lo acaba pasando bien, pero antes preferiría no pasarlo, preferiría compartirlo con alguien; necesito a los demás, necesito compartir esta angustia por vivir un mundo que no he elegido, un mundo injusto en el que mis ideales nunca se realizarán. Tengo aficiones, y un mundo interior propio bastante grande, pero prefiero pasar el tiempo compartiendo mi vida con los demás, porque me siento solo y abandonado en este mundo, porque por lo único que creo que merece la pena vivir esta miseria hecha por humanos es poder compartirlo con alguien que no sea tan malo y que también tenga alguna esperanza de cambiar todo esto.

Y me voy quedando poco a poco dormido encima del edredón y mañana será otro día y veré otra gente y me sentiré diferente.

Perseo se queda dormido.

Recién vuelto de Barcelona, Perseo madruga para dar una clase de Economía. Se levanta a las siete y cuarto tras posponer tres veces la alarma. Perseo, en este momento, odia estar consciente, tener que trabajar, estar sobrio y tener que enfrentarse a sus obligaciones y a casi treinta alumnos, a cada cual con más conflictos internos que él. Perseo está asqueado de dar clases en institutos, añora los años en los que fue feliz en Santiago dando aquellas clases de Filosofía Política, pero su sustitución acabó y tuvo que volver a A Coruña a seguir impartiendo lo que él quería que fuese Economía Política, una clase de economía en la que, por la puerta de atrás, asomaran ideas filosóficas, principios reguladores de una sociedad, diferentes debates sobre el bien común, no la ristra de tristes ejercicios de contabilidad o los temarios de gestión de empresa que tendría que dar por obligación este trimestre, ya que sus alumnos lo necesitaban para la selectividad.

Perseo sale de la cama con una camiseta vieja y sudada y unos calzoncillos de tela, se pone el pantalón de pijama que dejó tirado ayer al lado de la cama y los calcetines deportivos de la marca Nike que se quitó anoche antes de ponerse a rascarse compulsivamente sus talones. Se pone de pie, hace algunos ejercicios moviendo brazos, estirando la espalda, dando un par de trotes, y se golpea la cara un par de veces para espabilar; pero es el cuento de siempre, sus ganas de volver a la cama no se pasarán hasta que llegue el instituto y empiece a tener los primeros intercambios de palabras y sensaciones con sus compañeros o alumnos. Mientras tanto, tendrá una sensación de sueño y un malestar generalizado que lo invitará una y otra vez a volverse a la cama.

Perseo va hasta la cocina, que está al lado de la habitación en un pasillo corto que lleva hasta el salón pasando por un baño con ducha y todas las demás cosas con las que debería contar un baño: un lavabo, un váter, un espejo… Esas cosas. Su casa no es demasiado grande, como tampoco son grandes sus ingresos a principio de mes, ni los márgenes para ahorrar al final del mismo; Perseo imparte Economía, pero no se le da demasiado bien administrarse como para ahorrar algo para un porvenir incierto. Coge una cajetilla de Marlboro en la que aún quedan dos cigarros y se prende uno, siendo fiel a su tradición de que fumar sea lo primero que haga al levantarse. Fuma por la ventana mirando el vecindario y ve cómo una vecina, también profesora, entra en su Alfa Romeo 147 para ir a clase, uno de los coches fetiches de Arturo, como la vecina. Alterna caladas de boca con caladas en las que traga el humo, recordando a aquel joven que en la clínica de desintoxicación insinuaba que Perseo no sabía fumar porque no tragaba el humo, y la verdad era que sí que lo hacía, pero no fue hasta ese momento cuando Perseo se dio cuenta de que no tragaba demasiado y que la mayoría del humo escapaba poco después de darle una calada.

Una vez terminado el pitillo y de poner en su móvil una lista de Spotify de Leiva, se dirige a la cocina y se prepara un zumo de naranja exprimido con dos naranjas que quedan en el frutero, lo cuela recordando aquella vez que, en la residencia, una de las asistentas de cocina le echó en cara jocosamente que colara el zumo pero luego no fuera tan exquisito para follarse a su novia en una residencia de curas. Saca de la nevera un film lleno de jamón serrano, atrás quedaron aquellos tres años de veganismo. Coge dos lonchas y las pone en el plato llano de color blanco en el que después pondrá una tostada con aceite de oliva. Prepara también un poco de leche caliente para el café soluble y le echa dos cucharadas de azúcar y una de café; el café no sienta demasiado bien a un neurótico obsesivo con tendencia a la ansiedad. Se lo toma con calma mientras medita algo.

—Entonces, ¿tú no eres freudiano? —me dijo Alicia mientras subíamos las escaleras de su piso.

—Precisamente porque lo soy, no voy a dejarme llevar por mi intención inconsciente. Hemos hecho un trato.

No habrá veces que haya metido la pata con una tía, que la haya hecho sentir incómoda, acosada, y, la puta única vez que el juego de seducción se está decantando a mi favor, voy y me juro que cumpliré la promesa que le hice antes de subir a casa de Alicia: dormir, no hacer nada. Quedé como un gilipollas, o como alguien demasiado bueno que no pilla las indirectas, no lo sé. Supongo que le daría entre pena y lástima, como a tantas otras tías con las que me he visto en un juego de seducción.

¡Ay!, la hermosa Alicia, una de las tías más guapas que conocí en mi vida, con esa mirada de pícara y esos labios que jamás besaré. Nunca me vi en una igual, y la cagué. La primera vez, por inocente, y la segunda, por paranoico y obsesivo: entendí mal un mensaje en el que Alicia me decía que al final sí que iba a bajar, cómo que no, y, cuando me la encontré, mi falta total de autoestima ya me hizo pensar que me había engañado, que no quería bajar conmigo, y le hice un corte de manga. Ahí ya la perdí, y, encima, luego le dije: «¿Qué somos?». Después de la escena de su casa, después de haber dejado pasar cualquier posibilidad de acercamiento no verbal, voy y le espeto un «¿qué somos?». Y ella me dice: «Nada». Pues claro, ¿qué cojones íbamos a ser?, si dormí a su lado cuando debería haber puesto música como me pidió e intentar al menos ver si de verdad éramos freudianos, si de verdad me había invitado a subir por algo más y si me volví un paranoico posesivo a la mínima posibilidad de que me hubiera podido mentir. Lo de Alicia lo recordaré toda la vida.

Y deja la taza de café en el fregadero, se come dos tostadas con jamón y un plátano y se dirige hacia la ducha. Primero se lava el pelo y la barba mientras rumia algo que desconocemos. Perseo siempre está rumiando, la mayoría de su energía mental se gasta en pensamientos en bucle, negativos y obsesivos, pobre hombre. Tras aclarar el gel que se esparció por todo el cuerpo, sale de la ducha y se pone su albornoz color azul marino, coge una toalla grande y, tras peinarse un poco, se empieza a secar el pelo.

LIBERALIX

La única constancia que tengo de la existencia de Liberalix se remite al contacto que hice con un colega mío durante la investigación. Mi colega era psicoanalista, y me reconoció, tras mucho interrogarlo, pues los psicoanalistas deben guardar su secreto profesional, que, durante los años en que dijo conocer a Liberalix, un hombre con las mismas características y el mismo nombre acudió a su consulta. ¿Que por qué acudí a él para saber algo más de Liberalix y de nuestra historia? Pues bien, la verdad es que fue por casualidad: yo, de aquellas, visitaba su consulta y le comentaba, como buen paciente, todas las cosas que me intrigaban. En cuanto comencé a comentarle el encargo que había recibido y sus detalles, noté en él un cambio de expresión no muy habitual —pues él sabe manejar bien su fachada y rara vez uno puede adivinar lo que piensa—. Lo cierto es que su expresión me dio que pensar que él sabía algo de todo este asunto. Y así fue: tras mucho insistirle, como ya dije, y aceptando que cambiaría su nombre en el relato, accedió a darme sus notas y algunas cintas de las cámaras de su consulta y del edificio, lo que me permitió reconstruir las consultas que Liberalix estuvo manteniendo durante el tiempo en el que se desarrolla el núcleo de nuestra historia. Las acotaciones sobre los pensamientos o reacciones de Liberalix fueron elaboradas con la ayuda de mi colega psicoanalista, pues él sí que llegó a conocer en profundidad esa incógnita que, por ahora, es Liberalix. Liberalix, con el tiempo, y en consultas que aquí omitiremos por cuestión de espacio, llegó a relatarle a mi colega cómo se sintió en las primeras sesiones y cómo lo hacía sentir la presencia del terapeuta, algo, según me dice mi amigo, esencial en un tramo de la terapia.

Aquí os dejo la primera consulta.

Podemos ver a Liberalix algo inquieto, no está seguro de la decisión que tomó. Espera en un portal, mordiéndose las uñas. ¿Qué irá a hacer? El portal es grande, estamos ante uno de los edificios más imponentes de la ciudad: situado al lado de una iglesia, un edificio gris, de piedra, con unos probables once pisos. En él habitan familias y algún otro negocio. ¿A qué habrá ido allí Liberalix? No lo sabemos, solo lo vemos decidirse por fin a entrar al portal, llama al séptimo adoptando una postura algo insegura ante la cámara del telefonillo, espera a que le contesten y abre la gran puerta de cristal tras un inquietante «adelante». El cristal del ascensor le invoca pensamientos acerca de su identidad, ¿tendrá su visita algo que ver con esto? Marca el séptimo piso en una hilera de números que le recuerdan a eventos de su vida, ¿estará en este edificio por ello? No lo sabemos, nosotros solo observamos a Liberalix.

La puerta gris del ascensor se abre y Liberalix se encuentra con una vecina. Su mirada lo hace reflexionar sobre aquello que transmite hacia los demás, con un tono algo paranoide. ¿Tendrá que ver su subida en este ascensor hacia algún lugar con ese tipo de pensamientos? Liberalix deja atrás a la vecina y se dirige hacia la derecha. Ante él, una puerta de madera maciza con un mango dorado. Llama a la puerta y, tras unos cinco segundos, un hombre de pelo blanco le abre con una sonrisa que a Liberalix le genera más inseguridad. Se llama Segismundo, o eso pone su placa: «Segismundo Andrade Rodríguez». Con un ademán que a cualquier persona menos a Liberalix le resultaría amable, lo invita a esperar en la sala de espera. La sala es estrecha, pero se extiende hasta el fondo de una pared en la que podemos ver un edificio blanco a través de una ventana entreabierta. Liberalix se sienta en un sillón a la derecha desde el que puede contemplar la puerta, también de madera y con mango dorado, y la ventana por la que nosotros vimos ese edificio blanco: está en el centro de la sala. Diríamos que han transcurrido como cinco minutos de tiempo cronológico, y el hombre de pelo blanco y camisa azul, Segismundo, vuelve a aparecer con la misma sonrisa que a Liberalix le produjo cierta inseguridad.

Antes de seguir, quizás os hayáis preguntado acerca del aspecto de Liberalix, no hemos dicho nada acerca de ello, ¿no? Liberalix luce una gabardina beis entreabierta, debajo de ella podemos observar un traje azul marino hecho a medida, una camisa blanca y una corbata negra. Lleva unos zapatos Oxford negros debidamente pulidos. Liberalix está perfectamente afeitado. Huele a perfume caro. Lleva el pelo corto recién arreglado y con algo de gomina. Su cara es delgada y con un perfil marcado. Podríamos decir que es un hombre elegante y que trata de transmitir seguridad en sí mismo.

Sigamos con esta extraña visita. El hombre lo invita a entrar en una sala profunda que, si trazáramos una línea paralela, se proyecta hacia una ventana por la que el edificio blanco ya no se ve y se asoma el cielo. La sala está llena de libros y fotos, y Liberalix, en un gesto un poco rudo, ya que trata de que no se note su curiosidad, se fija en uno que reza Vida de Lacan. ¿Tendrá que ver la visita de Liberalix con el hacer de Lacan? Liberalix se sienta en una silla y, enfrente de él, Segismundo. Este se queda un rato callado, esperando a que Liberalix diga algo.

—Y bien, ¿qué se supone que tenemos que hacer? —dice Liberalix con una voz entrecortada.

—Bien, mi manera de proceder es la de la asociación libre: los psicoanalistas creemos que el inconsciente está estructurado como un lenguaje, la lengua o lenguaje materno, y solo a través de la palabra del paciente podemos revelar aquello que le preocupa.

—Entiendo, pero no sé de qué hablar. Además, le agradecería que no usara términos tan técnicos conmigo, me va a hacer pensar que todo esto es más de lo que es. ¿Sabe?, conozco a mucha gente que esconde su falta de conocimiento de lo que hace debajo de un lenguaje obtuso…, espero que no sea uno de esos.

Segismundo se limita a quedarse callado esgrimiendo una cara que combina la sorpresa con una sonrisa sardónica.

—Discúlpeme… Estoy…, estoy algo nervioso, si en verdad me gusta la gente franca y que utiliza los conceptos adecuados en cada momento… Simplemente no estoy familiarizado con este mundo, que, por cierto, me genera algunas dudas.

—Ah, ¿sí? Cuénteme esas dudas —dice el psicoanalista reduciendo su expresión anterior.

—La verdad es que preferiría no empezar todo esto cuestionando su profesión, creo que no tenemos la suficiente confianza… Umm, empezaré, como sugirió, contándole algo sobre mí. Me llamo Liberalix —dice Liberalix mientras se rasca la coronilla, evitando el gesto poco después, pues teme despeinar su pelo engominado—. No me gusta mi nombre. Mi madre me lo dio en honor a mi abuelo, pero un nombre compuesto que incluya Arturo me hace parecer sudaca. No es que odie a los sudacas, pero no soy sudaca, soy español.

—¿No los odia? —pregunta el psicoanalista con una expresión interrogativa.

—Umm —dice quedándose pensativo—, ¡no! No los odio, no insinúe eso de mí.

—¿Dice que he insinuado algo?

—Eso me ha parecido, pero no, no los odio, simplemente me hacen recordar a aquellos cabrones de clase que me llamaban Jose, ni siquiera José, y yo les decía: «No es Jose, es José», y no me llamo José, ni siquiera Arturo José, me llamo Arturo. Qué ridiculez que una pequeña decisión de tus padres te marque toda la vida, bueno, de mi madre, más bien.

—Es la primera vez que habla de su madre... ¿Le marcó, dice?

—A ver, tanto como marcarme... —dice tratando de justificarse y llevándose de nuevo la mano atrás, dándose cuenta esta vez de que, si toca su pelo, se despeinará—. A ver..., mi madre es mujer de letras, y ya se sabe que esa gente tiene demasiados pájaros en la cabeza.

—Ah, ¿eso cree de toda esa gente?

—Sí, eso creo de toda esa gente, y no me interrumpa, ¿no se supone que el que debe hablar soy yo? Como decía, tienen demasiadas ensoñaciones y demasiado tiempo libre y se creen que el mundo debe ser como lo leen en esos aburridos libros: ni que a mi abuelo le fuera a salvar la vida que me pusieran su nombre. ¡Arg!, cuánta estupidez. Yo soy un hombre práctico, racional, como mi padre.

—Como su padre...

—Sí, como mi padre. No tengo mucho que decir ni que pensar, simplemente actúo en función de aquello que me parece más lógico: si la gente supiera más de lógica y más de matemática, el mundo iría mejor, no habría tantos exaltados ni ensoñados. No me gustan las grandes palabras ni los grandes discursos; los políticos son unos vendehúmos. Yo soy un anarquista, pero no como esos perroflautas: yo soy un anarquista de derechas. El trabajo y el ahorro son mis horizontes, si es que tengo alguno. Dejé hace mucho tiempo de creer en chorradas. Como muchos, fui un estúpido joven soñador, pero, por suerte, me bajé temprano de ese barco. Me gusta levantarme temprano; pasar tiempo en la cama es de vagos, o de gente que tiene mucho que pensar y poco que hacer. Soñadores, ya sabéis que os odio. No tengo nada real en contra de ellos, pero no me gustan. Me parece que sobran, que solo están para crear más problemas de los que ya hay: problemas de verdad, no producto de una mente desequilibrada. Mi cama está para dormir... y quizá para masturbarme... Discúlpeme —dice Liberalix con las mejillas rojizas—, no sé por qué he dicho eso...

Bueno, eso —dice intentando recuperar la compostura—, que mi cama está para dormir y para nada más: si quiero pensar, pienso en mi trabajo o en mi despacho.

—Ah, qué bien. Descríbame dónde vive —le pide haciendo como si no hubiera escuchado la última parte.

—De acuerdo. Vivo en un piso en las afueras, en un edificio residencial. No me gusta la gente ni el bullicio que montan. Puede pensar de mí lo que quiera, que soy un misántropo, un asocial o un descreído: me la suda.

—¿Se la suda?

—Sí, no me importa. Disculpe por la expresión. Pues, como le decía, mi piso es práctico, como yo. No tiene nada más de lo que necesito, ni nada menos. Entras y hay un recibidor, aunque cada vez le veo menos sentido porque no recibe a nadie. Tiene un mueble blanco de Ikea con cajones amplios para las llaves, para mis pañuelos y algunas cosas más que podría olvidarme pero que nunca me olvido: yo no soy así. Me gusta el blanco, es un color claro y conciso, transparente, no dice más de lo que se ve en él y su virtud es mantenerse limpio. Yo también me mantengo limpio, tengo mis rituales de limpieza. Mi médico me dijo que eran algo obsesivos, pero los médicos, sobre todo los de la cabeza, son como los literatos, crean mundos que no están en este, ven cosas que yo no veo. No los soporto. Evito a los literatos y a los psiquiatras, pero a veces tengo ataques de ansiedad, aunque no me gusten, y me dan pastillas, pero no me las tomo. Las pastillas, como los psicólogos, son para débiles mentales, y yo no soy un débil mental, soy un hombre fuerte que se hizo a sí mismo.

—Ajá, ¿cree eso? —dice Segismundo con una leve sonrisa que trata de ocultar—. ¿Podría describir esos rituales?

—De momento, preferiría que no, no tenemos tanta confianza… Decía —trata de continuar intentando huir del aprieto que significa para él pensar en sus rituales—, y no tiendo a irme por las ramas, que mi piso era práctico. En la entrada está el mueble y un espejo, también limpio y transparente y que no deja reflejos. No me gustan los reflejos, me recuerdan a cuando llevaba gafas y nadie podía mirarme. A mí me gusta que me miren y mirarme; soy un hombre apuesto y seguro de sí mismo, y la gente debería darse cuenta. Enfrente del espejo, pues el recibidor es un pasillo corto, hay una pared con una bandera anarcocapitalista: «DONT TREAD ON ME», y su correspondiente serpiente. Es la bandera de los primeros colonos estadounidenses, y, aunque algunos izquierdistas quieran reescribir la historia, ellos eran como yo: querían el mínimo o ningún gobierno, los mínimos o ningún impuesto. Eso era un robo, y lo sigue siendo. Luego se dejaron vender y formaron un estúpido y gran gobierno, pero eso es otra historia. Me gusta que la bandera esté ahí, me define, y así la gente sabe rápido de qué voy, qué pienso, aunque ya digo que no me gustan los pensamientos abstractos, no me gusta darles vueltas a las cosas, pero sí que no me jodan, y a los anarcocapitalistas no nos jode nadie, ni siquiera el maldito Estado.

—Ah, ¿es importante para usted su ideología?

—Sí, mi piso es práctico, como mi ideología y mi pensamiento. Una vez que pasas el recibidor, hay un largo pasillo a la izquierda con baños y habitaciones, cocina y un gimnasio. Los describiría, pero ya puede suponer cómo son: sencillos y lógicos. Y ya le digo que yo no soy un hombre al que le guste perder el tiempo con literatura, y describir es de literatos.

—Hábleme de alguna experiencia en ese piso.

—Recuerdo la primera vez que llevé allí a una mujer. Había bebido, no suelo beber, ni mucho menos drogarme. Es de débiles, es de gente que necesita tomar cosas, como los locos, para ser feliz. Pero había bebido, vaya, qué le vamos a hacer. Había bebido en una cena de empresa y pronto el pene se me puso erecto. Soy un hombre que suele controlar sus impulsos, pero en ese momento no podía. Creo que comencé a hablar mucho con una secretaria. En fin, que, como no me hacía caso, me fui a mi casa y me puse a buscar en un portal de putas a una señorita de compañía. Las putas son el mejor invento de la humanidad. Es la realización práctica de cómo deberían ser las relaciones humanas: sin estupideces. Yo quiero algo tuyo: follarte; tú quieres algo mío: mi dinero; y ya está, no hay que andarse con más gilipolleces. La llamé, era una buena negra, de las que a mí me gustan. Con ella podría dar rienda suelta a mis fantasías de conquistador español, en aquellos tiempos en que éramos una gran nación, un imperio. Sí, había un gran Estado, pero al menos servía para que los grandes hombres dominaran el mundo… Perdone, creo que me he emocionado demasiado…

El psicoanalista se limita a quedarse callado.

—Bueno, eso… Lo que le decía, lo hicimos un par de veces. A veces me cuesta aguantar…, o, mejor dicho, soy un hombre práctico que folla para correrse, sin florituras, solo gozar. Que le jodan al placer femenino: están para servirnos… Igual usted no piensa así, pero me ha pedido que sea sincero, y si algo me enseñaron mis padres es a respetar las peticiones racionales de la gente.

—Le agradezco su sinceridad, de veras —dice Segismundo en el primer gesto de amabilidad de la consulta.

—Pero esto se lo digo a usted, no lo vaya contando por ahí, que las feministas me crujen —dice Liberalix en lo que parece ser un gesto de confianza.

—Ajá —dice Segismundo, forzando, sin que se note, una sonrisa.

—El caso es que la eché y me puse a trabajar, que es lo que debe hacer un hombre. Soy ingeniero, tuve que estudiar mucho, no como los de letras, y ahora tengo mucho que trabajar, no como los literatos. Diseño cosas útiles, prácticas, económicas: cosas que la gente necesita. Y, vaya, eso es lo que todos deberían hacer. En fin, eso, que soy un hombre práctico, racional y lógico, sin más florituras.

—Sin más florituras… Bien, José, creo que por hoy va a ser suficiente. En la próxima entrevista profundizaremos más.

Cada consulta serán treinta euros. Puede pagarme en efectivo o por Bizum. ¿Le parece bien?

—Sí, es un buen precio —dice Liberalix mientras le entrega el dinero y se queda pensativo por ese «José». ¿Habrá sido intencionado?

Segismundo se levanta e invita a Liberalix a salir de la habitación, abriéndole la puerta marrón y dejándolo pasar. Se despiden fríamente y Liberalix se sumerge de nuevo en el mundo de ascensores y vecinas entre pensamientos.

DIÁLOGO

Argumento:

Un efusivo aplauso cierra la ponencia. Los contrincantes, aún exaltados, o así lo delatan sus mejillas, sonríen. Alguno podría decir que cínicamente; puede que, después de todo, no estén seguros de que sus visiones, sus religiones que diría alguno, hayan arrojado más luz sobre este asunto. Puede incluso que piensen que la luz, al proyectarse sobre las sombras, solo revele más sombras, una mayor profundidad en el abismo.

Los viejos amigos se saludan, los viejos contrincantes se reencuentran, puede que, al final de todo, eso de la filosofía política no sea más que un juego de niños. Un juego de campamento, una pataleta sacada de contexto, sobre cómo repartir esto y lo otro, sobre quién se queda con los juguetes, y con los juguetes que producen a los juguetes. Peccata minuta, que diría el otro.

El auditorio se va vaciando. El pueblo está contento, un par de lecciones por aquí, unos cuantos sesgos cognitivos confirmados por allá y al tajo, que esto de la teoría política no da de comer, piensa uno.

Los contrincantes, sin embargo, no parecen portar deseos de hacerlo. Puede que el público no lo viera, pero durante la charla hubo alguna que otra mirada cómplice, parece que, después de todo, las preocupaciones que habían sobrevolado sus bohemias buhardillas habían sido las mismas. Puede que, después de años de disputa, se atrevan a volver a hablarse. Ahora que sus cimientos parecen más firmes, más pensados, no tienen miedo de derrumbarse el uno al otro.

AMIGO. Hola, felicidades, hoy has estado magnífico. La verdad es que muchas de las cosas ya las había pensado, pero nunca está mal que alguien con tu reputación e influencia me ayude a recordarlas.

ACADEMIO. Me alegro, amigo, ya sabes que para eso estamos los filósofos. ¿No recuerdas lo que nos decían en la facultad? Bueno, qué vas a recordar, tú estabas todo el día pendiente de Alejandra, de Alejandra y de la otra rubia, que diría Evaristo: la cerveza. (Academio suelta esto entre carcajadas). Aunque, bueno, en el fondo te felicito, mejor eso que enamorarse de Rand, maldita adicta. ¿Cómo se puede enamorar alguien de esa suerte de máquina con apariencia de humano? En fin, que me pierdo, como hago siempre. ¿Qué fue de Alejandra? ¿Le dejaste acabar su tesis sobre feminismo? ¿O es ahora otro de esos juguetes rotos que vas dejando por el mundo? Perdona que te hable así, ya sabes cómo soy, nunca entenderé tu falta de escrúpulos con el género femenino, o lo que era de aquellas.

AMIGO. Ay, Academio, nunca cambiarás, tú y tus prejuicios. Sales dos veces al año de tu despacho y crees que puedes seguir juzgándonos por lo que fuimos, o por lo que lees de nosotros en tus libros. Ya no soy el mismo, Alejandra y yo nos casamos, te invitamos a nuestra boda, ¿lo recuerdas? ¿O piensas que me creo que no recibieras la invitación? Puede que ella finja hacerlo, o que sea tan tonta de creerte, pero a mí no me la das, sé de sobra que estabas enamorado de ella, sé de dónde proviene esa furia con la que escribes. Después de todo, tú también eres humano, querido Academio.

ACADEMIO. (Su tez se ruboriza de nuevo). No hables así de ella ni de mí, tú nunca sabrás lo que es amar de verdad.

AMIGO. Ahí tienes razón, puede que no lo sepa. Yo lo hago: recuerda, si eres capaz, por qué nos metimos en esto. ¡Queríamos cambiar el mundo, no escribir sobre ello! Algunos aún actuamos en este sentido, otros prefirieron quedarse al margen. No te culpo, era lo más sensato, ¿qué hacían unos niños de papá como nosotros hablando sobre el proletariado? Ligar, amigo Academio, hacernos los interesantes. La diferencia entre tú y yo es que yo, al menos, no me creo mis propias mentiras.

ACADEMIO. No sabes de lo que hablas...

AMIGO. Puede que no. En fin, no quiero discutir, parece que es lo único que sabes hacer. Voy a hablar con Liberalix, algunos sabemos dejar a un lado nuestros ideales. Si quieres recordar viejos tiempos, ya sabes dónde estamos.

AMIGO. Dichosos los ojos, Liberalix. Parece que el Juan de Mariana paga bien, qué porte, qué clase... Si al final ibas a tener razón y eso de ser liberal hasta sienta bien.

LIBERALIX. Ay, cómo sois los de izquierdas, jamás me perdonaréis mi traición, ni que fuera Luis Figo, si solo os desmonté eso de la explotación, nada más. Ay, querido amigo, si leyeras mis libros y te dejaras de tanto politiqueo, qué bien te iría, querido, igual hasta dejabas de decir tantas tonterías. Te tienes que venir conmigo un día a la bolsa a aprender lo que es la vida de verdad, que en el capitalismo también hay emociones, hombre.

AMIGO. Ya sabes que eso de comprar y vender armas a países tercermundistas nunca ha sido lo mío. Deberías saber de sobra que no me gusta jugar con las vidas de la gente, pero bueno...

LIBERALIX. No te pongas así, hombre, ya sabes que bromeo. ¿Qué tal todo? ¿Cómo está Alejandra?

AMIGO. Pues todo bien, la verdad. En el trabajo bien, con Ale bien, y ya sabes, con la conciencia tranquila, es lo que tiene estar en el bando de los buenos.

LIBERALIX. ¿Buenos? ¿Buenos? Pero venga, hombre, cómo os gusta sentiros superiores moralmente. Lleváis así toda la vida. ¿Te leíste, por cierto, el libro ese que te recomendé? ¿Cómo se llamaba...? Ah sí, eso, *Archipiélago gulag*. ¿Te lo leíste, querido?

AMIGO. Ay, qué pesado eres, Liberalix, siempre con lo mismo. No llevamos hablando ni dos minutos y ya has tenido que sacar a los muertos del comunismo. Sabes de sobra que tanto yo como Academio renegamos hace tiempo de todo eso. Ya sabes que somos unos sucios revisionistas, que nos bajamos pronto del tren este de las checas y de los gulags, que renunciamos pronto a la pretensión de crear un hombre nuevo. Ah, y, por qué no decirlo, de nuestra querida República, la que tus amigos nos arrebataron. No nos metas en el mismo saco, anda.

LIBERALIX. Que ya lo sé, hombre, que, a diferencia de vosotros, yo no tengo ningún problema en leerme vuestros libros. Bueno, los de Academio, tú llevas veinte años viviendo de tu tesis sobre movimientos sociales, ya va siendo hora de que publiques algo, ¿no? A este paso, te van a echar de la universidad.

AMIGO. Ya sabes que yo nunca fui mucho de academicismos. No va conmigo eso de legitimar los centros de saber-poder, eso os lo dejo a vosotros…

LIBERALIX. Sí, sí…, será eso, amigo, ya que te pones tan foucaultiano… Me acordé antes de tu amigo este, no me sale el nombre, este que cuando salíamos siempre estaba en los baños… Ay, ¿cómo se llamaba? Este que es ahora de los míos.

AMIGO. ¿Rivera, dices? Sí, ese es muy joven, hombre, ¿cómo va a ser amigo mío?

Liberalix. No, hombre, no, Rivera no. Este que estaba siempre en la pola, que fue a luchar a Vietnam…

AMIGO. Ah, ya sé, Escohotado… Sí, sí, éramos buenos amigos, nos distanciamos un poco cuando se pasó al lado oscuro. ¿Qué pasa con él?

LIBERALIX. Nada, nada, simplemente me acordé de él, nada más.

AMIGO. En fin…, a ti también te gusta irte por las ramas. Y a eso venía precisamente. Ya me estabas liando, ¿cuándo piensas volver a hablar con Academio? Digo hablar, intercambiar palabras desde vuestro yo, no desde esos personajes que os construís en los debates, ¿eh?

LIBERALIX. Bo, ya sabes que es él quien no me habla. Ya sabes que yo no tengo ningún problema.

Amigo. ¡Ay, ay! Cómo sois los liberales, siempre les echáis la culpa a otros, ¿eh? Que si el Estado, que si Academio… ¿Cuándo asumiréis algo de culpa? ¿Cuándo actuaréis como decís que hay que actuar?

Liberalix. *(Entre carcajadas).* ¿Quién es ahora el que se está yendo por las ramas, eh? De verdad, si es que eres incorregible. Y, bueno, ¿qué querías decirme?, que esto de Academio es una tontería, y lo sabes. De verdad de la buena, te lo juro por mi querida Ayn Rand.

Amigo. Pues, si es así, te creeré, nunca entenderé qué le ves a esa amante de las…, digo, a esa gran escritora. Dame un minuto, voy a hacer de casamentera, de celestina que se decía antes. Vengo ahora.

Amigo vuelve a donde estaba Academio y lo invita a unirse. Siendo consciente de su cortesía, lo llama, a sabiendas de cómo va a actuar —muy en contra de lo que pensara Liberalix, la acción humana, a veces, sí que es predecible—.

Academio. Hola, Liberalix, me alegro de verte, parece que por ti no pasan los años. Gran debate, por cierto, me he llevado alguna que otra sorpresa.

Liberalix. Lo mismo digo, compañero. *(Se ríe de forma nerviosa).* Bueno, compañero no, eso lo dejamos de ser hace tiempo.

La organización del evento había dispuesto sendas bebidas espirituosas, y los efectos embriagadores de estas parecían comenzar a hacer efecto.

Academio. Sí, parece ser que el devenir separó nuestros caminos, y eso que los designios de Apolo parecían apuntar hacia otras fauces. ¿Te acuerdas de todos aquellos que pensamos juntos? Nuestra librería, nuestras publicaciones conjuntas, nuestra revista, *Resfragilitas*, nuestra ágora…

Liberalix. Sí, sí, los recuerdo, y también recuerdo por qué no se materializaron. ¿Acaso tú no? Muy en el fondo de mis entrañas, de, como dirías tú, mi ser. En los comienzos de nuestra longeva amistad existía ya algo en mí que me hacía desconfiar, una voz que me decía que nunca aceptarías lo que era, lo que soy, lo que seré, o lo que nunca fui. Y no te hablo de mi manera de pensar, de los libros que escribo, de lo que dije hoy en el debate. Hablo de algo mucho más profundo, mucho más hondo, algo que me hace hervir el alma. Pero no creo que este sea el momento para hablarlo, de hecho, no creo que exista. Después de todo, hay cosas que son irreconciliables.

ACADEMIO. ¿Y es eso malo?

LIBERALIX. ¿El qué?

ACADEMIO. Que haya cosas que sean irreconciliables.

LIBERALIX. No sé, dímelo tú, después de todo, eres el que lo sabe todo. ¿No ves que es lo que haces continuamente?, debatir, discutir, principios, principios; filosofía… Siempre igual, te estoy hablando de mí, de lo que siento, de cómo me hacías sentir y ya vas tú a lo de siempre, a lo único que te ha importado en esta vida: tener la razón.

ACADEMIO. Ah, que ahora soy yo el que está obsesionado con la razón.

LIBERALIX. Y sigues, ¿no ves que te estoy hablando de otra cosa?

ACADEMIO. ¿De otra cosa de qué? ¿Sigues con lo mismo? No has aprendido nada en todos estos años, sigues pensando que lo que dices, que lo que piensas, que lo que defiendes no tiene nada que ver con lo que eres. ¿Sigues creyendo que discutía tanto contigo, que te llevaba siempre la contraria, que te desmontaba cada uno de los dogmas que traías cada mes porque disfrutaba haciéndolo, porque quería tener la razón, porque quería ser mejor que tú en la carrera? ¿De verdad sigues pensando eso? Si es así, querido Liberalix, no creo que tenga nada más que hablar contigo.

LIBERALIX. Y tú sigues sin ver que no puedes hablarme así, que sigues siendo un jodido flipado. Que los demás también pensamos, que los demás también sentimos, que no eres el dueño, el amo y señor de la razón verdadera.

AMIGO. Ahí le doy la razón: siempre que alguno de nosotros decía algo, siempre que afirmábamos algo, siempre que creíamos haber llegado a alguna solución, alguna guía que nos permitiera avanzar, aunque fuera un poquito, ahí aparecías tú con tu indiferencia, con tu cinismo, con tus ganas de arruinarnos, de quedar por encima.

ACADEMIO. Os lo vuelvo a repetir, y no lo diré ni una sola vez más: jamás he querido tener la razón, jamás os he querido pisar, nada de eso. Simplemente, tuve claro desde el principio en dónde me había metido, en un camino eterno, tortuoso, lleno de tropiezos y de desilusiones, un camino hacia una verdad que cada día tengo más claro que no existe, al menos no en los términos en los que vosotros la quisisteis y queréis plantear. Jamás tendréis vuestra respuesta, jamás tendréis vuestra solución final. Nunca, repito, nunca jamás, y, si no sois capaces de soportar eso, entiendo que jamás logréis soportar, que jamás seréis capaces de pasar más de dos minutos conmigo… Si es que eso existe; yo, quiero decir.

LIBERALIX. Vale… Ilústranos, por tanto…

ACADEMIO. *(Recobra esa sonrisa mitificada de la infancia).* ¿Os apetece debatir, entonces? ¿Os apetece que nos dejemos llevar un rato por las fuerzas del habla?

AMIGO Y LIBERALIX. *(Responden a la vez, con sorna).* Si no queda más remedio…

ACADEMIO. Pues bien, ilústrenme ustedes. Comencemos por los cimientos: ¿qué es la naturaleza humana?

LIBERALIX. Empiezas fuerte, querido. Si me permites, Amigo, continuaré yo, creo que tengo bastante que decir. En primer lugar, hablaré de lo que yo pienso, de lo que mis más allegados amigos y yo pensamos sobre ella. Para mí, la naturaleza humana es la forma en la que el ser humano está dotado con las características que le hacen ser completamente humano. ¿Y qué es un ser humano? ¿Qué lo distingue del resto de seres? La razón, querido amigo. El mecanismo que nos permite descifrar, intuir, aquel conjunto de leyes universales que permiten la convivencia plena, el hacer libre de todos los seres humanos. ¿Y cuáles son esas leyes? Pues bien, aquellas únicas que, por su coherencia y características, son universalizables, es decir, aquellas que podrían ser aplicadas en cualquier sociedad, en cualquier contexto social, y que garantizarían la convivencia pacífica y el libre desarrollo de cada uno. Aquellas producto o consecuencia de un principio universal y coherente, ausente de contradicciones. Este principio no es ni más ni menos que la libertad, la libertad o ausencia de coacción, el principio que permite a todos y cada uno desarrollar sus deseos, sus preferencias, sin interferir en la vida de los demás. Un principio del que se deducen lógicamente la necesidad y el respeto a unos derechos de propiedad del cuerpo y de las propiedades de cada uno.

ACADEMIO. ¿Dirías, por tanto, que la naturaleza humana es libertaria?

LIBERALIX. *(Responde apresuradamente y sin dejarle proseguir).* Sí, y, si esto no te convence, tengo colegas que son más desconfiados, que dudan de la capacidad del hombre para respetarse y respetar. Ya sabes, esto que dicen de que tiene que haber un estado pequeñito pequeñito; si supieran que el que a la noche vigila al amanecer deviene Leviatán, no lo dirían. Pero, bueno, no tiraré piedras sobre mi propio tejado. Estos te dirán que el hombre es un lobo para el hombre, un ser que se rige por el autointerés, un hombre que, si hiciera falta, vendería a su hermano por un palmo más de utilidad, pero que, consecuencia lógica de todo eso, aceptará un microestado porque le es útil, porque sus cálculos así se lo dicen. Vamos, que el hombre es, por naturaleza, un *Homo economicus.*

ACADEMIO. ¿Y para ti, Amigo?

AMIGO. Pues yo tengo una concepción bastante materialista. Los seres humanos tienen un conjunto de necesidades básicas, biológicas, por decirlo de algún modo, universales y comunes a toda la especie, a lo que se suma un conjunto de necesidades socialmente construidas y dependientes del modo de producción predominante en cada tiempo y lugar.

ACADEMIO. Bueno, vayamos por partes. Entonces, y a la luz de lo que decís, ¿tenéis una visión pesimista u optimista del ser humano?

LIBERALIX. Yo diría que pesimista, quiero decir, lo natural, lo apropiado para el buen desarrollo de los seres humanos es una sociedad acorde a la ley natural, una sociedad que respete la libertad y la libre elección de cada uno. Ahora bien, tampoco puede uno negar la realidad, vivo y vivimos en un mundo y en una historia en que el estado ha alterado con creces y mayoritariamente la ley natural de la mayoría de sociedades en las que vivimos. Aunque considere que lo bueno para la naturaleza del hombre sea perseguir la libertad, no puedo negar que haya en él algo oscuro, algo que lo lleve a apreciar las ventajas del poder político, de la dominación y coacción sobre el otro.

AMIGO. Yo pienso que también. Aunque considere que lo mejor para los seres humanos sea bucear en su interior, bucear y encontrar aquellas disposiciones que lo llevan a amar al prójimo, a la solidaridad y a la cooperación, la verdad es que, cuando camino por la calle, solo veo átomos, indiferencia, cinismo, despreocupación, gente que…

ACADEMIO. ¿Y es eso malo? Quiero decir, ¿descubrir estas contradicciones en el seno de lo humano os ha hecho dudar de las posibilidades de vuestros proyectos?

AMIGO. Umm, no del todo. Pienso que, al final, el capitalismo terminará por reventar por sus propias contradicciones internas; la gente no va a aguantar tanto sufrimiento mucho más tiempo.

ACADEMIO. Pero la realidad nos muestra que el capitalismo parece salir cada vez más reforzado de cada nueva crisis. De hecho, cada vez se le cuestiona menos. Parece que la democracia y el libre mercado son horizontes defendidos por todos, cuasi axiomas, verdades que nadie se plantea, que están fuertemente legitimadas. Y si, como tú dices, hay comportamientos egoístas e individualistas, si a mucha gente solo le guía el interés y se siente a gusto viviendo así, ¿cómo va a colapsar el capitalismo por sí mismo? Tan solo pregunto.

AMIGO. Tú dale tiempo; la historia hará el resto.

ACADEMIO. ¿Tú crees?

AMIGO. Sí, yo creo, y a sus leyes me remito.

LIBERALIX. Pues yo no lo tendría tan claro. Si la historia conduce hacia algún camino, ese camino es el que persigue la libertad. En todas las sociedades y en todos los tiempos ha habido libertarios y en todos los tiempos ha habido libertarios; otra cosa es que se los haya tratado de locos, o que ellos mismos se hayan retractado. Mira al bueno de Burke, al primer Fichte. También viene muy al cuento aquí la Islandia medieval, Pensilvania, el Lejano Oeste... Solo por citar, ¿eh? La historia da muchas vueltas, pero, desde luego, y en esto no tengo la menor duda, el progreso, si es que existe, avanza en la dirección de la libertad.

AMIGO. Sí, sí, en Somalia están muy avanzados, creo, hay microestado; y en Singapur, y creo que la gente sin seguro en Estados Unidos es hiperfeliz, siente que su sociedad ha avanzado mucho. La libertad, después de todo, es el bien supremo.

ACADEMIO. Bueno, no nos vayamos por las ramas. Entonces, consideráis que la existencia de comportamientos contrarios a vuestras creencias sobre lo que es o debería ser bueno para el ser humano es o consiste en una suerte de impedimentos para el desarrollo de vuestras utopías.

LIBERALIX. No veo a dónde quieres llegar.

ACADEMIO. Pues a que creo que, según lo que habéis dicho, consideráis que una sociedad ideal, una sociedad determinada, precisa para su correcto funcionamiento que todos sus individuos actúen con base en el principio que vosotros coincidís en destacar, ¿no es así? Es decir, consideráis que no debe haber disidentes, que, para que una sociedad sea igualitaria, solo deben existir comportamientos cooperativos, que todos los demás son objeto de represión, o al menos de pesimismo, que el pesimismo individual se traduce, por consiguiente, en pesimismo colectivo. Que, para que exista el bien, único y universal, no puede haber comportamientos malignos. ¿No es eso lo que acabáis de decir?

LIBERALIX. No creo que hayamos dicho eso. Y si lo hemos hecho es porque tú nos has guiado con tu dialéctica, con tus artimañas propias de un sofista, a que lo hagamos.

ACADEMIO. Ah, que soy yo el sofista. Si así lo creéis, después de todo, la opinión de dos siempre valdrá más que la de uno, ¿o no? En fin, prosigamos con esto. Hablemos un poco de biología, o de falta de ella. Cuando pensáis en la naturaleza humana, ¿cómo la veis? ¿Somos, por decirlo de algún modo, una tabula rasa, una pizarra en blanco a merced de las diferentes socializaciones, más o menos racionales? O, por el contrario, ¿somos, si es que la humanidad es algo, si es que hay humanidad como tal, una amalgama de predisposiciones genéticas, un mar de pulsiones y emociones objeto de violenta y dificultosa represión por parte de las estructuras sociorracionales?

LIBERALIX. Vaya preguntas, Academio. Pues, por lo que yo aprendí en catequesis, el hombre, o, bueno, la mujer, vive desde los albores del tiempo impregnado por el pecado original. Si es a esto a lo que te refieres con pasiones o pulsiones, pues sí, somos más de eso. Eso, la recta luz de la razón nos guía, o nos puede guiar a todos para que no sigamos ese camino.

AMIGO. Amén... En fin, yo digo lo que ya dije antes. Hay en nosotros determinadas necesidades biológicas cuya represión, adaptación e impulso dependen de la estructura social y educación hegemónica en la que nos criemos. Una buena educación contribuirá a eliminar la agresividad y el egoísmo de nuestro ser...

ACADEMIO. Seguís con lo mismo, entonces... Seguís creyendo, por un lado, que lo natural debería ser bueno y que, si no lo es, es una disfunción; y, aún por encima, veis lo pasional y lo emocional como lo totalmente opuesto de lo que cada uno de vosotros considera como bueno, como racional. Creéis que, si en un individuo o sociedad hay sentimientos o creencias contradictorias, si conviven en él instintos egoístas y cooperativos, agresivos y pacíficos, la sociedad, por consiguiente, va a funcionar mal. Que el deber de la educación es eliminar los comportamientos contradictorios, incluso los individuos que así actúan, porque lo no racional, o lo que al menos no es racional, todo el tiempo es malo, ¿no? ¿Es eso lo que estáis diciendo? ¿No estáis cayendo en la falacia naturalista creyendo que lo que es natural es lo bueno, o lo que debería ser bueno?

LIBERALIX. No creo que ninguno de nosotros haya dicho eso, pero, si tú lo dices, será verdad, ¿no?

ACADEMIO. Son malas respuestas, pero, aunque creáis que las conductas que no están de acuerdo con vuestra forma de ver el mundo, con vuestro *modus vivendi*, deben ser eliminadas o corregidas, al menos consideráis esto último: que el ser humano es, por decirlo de algún modo, modificable, que queda lugar para su salvación, bueno, para lo que vosotros creéis que sería su salvación.

AMIGO. No me seas relativista, tío. No me digas que te volviste postmodernista, tú, el más rojo de los rojos.

ACADEMIO. Nada de eso, amigo. Solo os estoy haciendo reflexionar sobre lo que decís, creéis o pensáis.

LIBERALIX. Así es muy fácil debatir: solo tú nos preguntas, solo tú sabes la respuesta, y, encima, encima de todo, no te mojas…

ACADEMIO. Tranquilo, Liberalix, no te impacientes. Pronto os diré lo que yo pienso sobre todo esto. Aquí va mi última pregunta sobre este tema: ¿qué creéis que rige las conductas de los individuos? ¿Un único impulso que abarca todas sus acciones o que, por el contrario, existen diversas motivaciones en función de los diferentes ámbitos de actuación?

LIBERALIX. Pues yo no sé qué moverá a otros, pero a mí, desde luego, lo único que me mueve desde hace unos pocos años es la persecución y defensa de la libertad.

AMIGO. Ahí estoy de acuerdo. A mí lo que me tira es la defensa de los desfavorecidos, la lucha contra la desigualdad y la injusticia. Todo lo demás es secundario.

ACADEMIO. ¿Tu mujer es secundaria? ¿La dejarías morir por volver a ver la bandera roja izada en Berlín? ¿Acabarías con todas las puestas de sol por volver a oír sonar el himno de la URSS en unos Juegos Olímpicos?

AMIGO. Lo segundo puede que sí; lo primero, desde luego que no. Aunque sé que te gustaría oírlo de mi boca e irías corriendo a contárselo a Alejandra.

ACADEMIO. Descuida, amigo. Y, obviando tu última respuesta, se podría decir que consideráis que somos animales unidimensionales, planos, que nos regimos por un único instinto y que, como formuló Ovejero: «El resto de comportamiento no sería más que simples epifenómenos de la disposición fundamental».

LIBERALIX. Pues algo así, no con esa pedantería, pero sí. ¿Y qué pasa, es eso malo?

ACADEMIO. Tú sabrás…

AMIGO. Pero, a ver, ¿cuándo nos vas a decir qué diantres piensas tú sobre esto?

ACADEMIO. ¿Ya se te ha olvidado lo que te dije hace un rato?

AMIGO. ¿El qué?

ACADEMIO. Esa tontería que decía Sócrates a los que lo escuchaban y trataban de entenderlo, eso de que aprender es recordar. No recordar como hacían los poetas, sino también, en parte, recordar algo que ya sabías, pero que no te acordabas… ¿Se te había olvidado?

AMIGO. ¿Quieres dejarte de sandeces y decirnos de una vez qué es lo que piensas tú sobre la naturaleza humana?

ACADEMIO. Está bien, no te pongas así, os ayudaré a recordar… No creo que la naturaleza humana sea algo tan importante en el debate sobre la justicia, el bien, el thelos de una determinada comunidad. Y os diré el porqué. En primer lugar, creo que la naturaleza puede ser la que sea, y es, como la antropología, la biología, la sociobiología y la psicología evolucionista han demostrado, cambiante. Citando a Castro: «Durante la hominización, algunos de nuestros antepasados homínidos desarrollaron la capacidad conceptual de categorizar las conductas en términos de favorable y desfavorable, y esto fue adaptativo porque permitía transferir dicho conocimiento a través de la aprobación o reprobación social de la conducta. Tendemos a aceptar como verdadero aquello que se considera como tal por nuestro grupo social de referencia». Es decir, nuestras creencias sobre lo que es bueno o malo dependen en gran medida del grupo en el que nos hayamos socializado, y cada grupo tiene sus creencias, sus cadenas de significantes, sus juegos de lenguaje sobre lo que es correcto o no. De ahí que crea que existen las condiciones materiales para realizar un cambio en el sentido que yo creo que es justo. Simplemente, habría que cambiar la conciencia, cambiar los agentes de socialización, cambiar los discursos de los dominantes por los discursos de los dominados, por el discurso, por el llanto desconsolado de nuestra madre tierra.

Porque digo, entonces, que la naturaleza humana no es, por tanto, tan determinante, porque ni lo natural es lo bueno, ni lo natural es eterno. Hace mil años, lo natural era morir a los treinta; hoy, lo natural es morirse en torno a los ochenta años. Bueno, en los barrios pobres de Estados Unidos es algo menos, creo. La historia de la humanidad es lucha progresiva contra su naturaleza, entonces, ¿qué más nos da que existan, porque existen, actitudes o predisposiciones biológicas cooperativas y egoístas? ¿No es esto conciliable con un ideal del mundo individualista o igualitario? ¿O es que, para que cada modus vivendi se desarrolle con plenitud, todos los habitantes de su sociedad deben comulgar con él como si se tratara de la comunión de todos los santos? Nada de eso. Sabéis de sobra que yo soy un igualitarista y ecologista acérrimo, y que lucharé hasta la última gota de sudor y tinta porque todo el mundo lo sea, porque todo el mundo tire las putas colillas a la papelera, pero es de sobra conocido que siempre habrá desviados. ¿Me hace esto dudar de la belleza o de la posibilidad de mi empresa? Nunca, jamás, y no creo que vosotros debierais hacerlo. Eso es todo lo que tengo que decir por mi parte en este asunto.

LIBERALIX. Solo una cosa: si, como tú dices, no hay una esencia humana, un conjunto objetivo de elementos característicos de los cuales se pueda deducir otro conjunto objetivo de valores, virtudes, derechos, por todos poseídos y por todos respetados, si todo esto depende en gran medida de la evaluación o aprobación del grupo, ¿no estamos cayendo en una suerte de relativismo nihilista?

ACADEMIO. Para nada. Creo que existe un trecho entre expresar una realidad dada tal que existen diferencias culturales sustantivas que condicionan los modos de percibir, entender o significar determinados valores, virtudes, en definitiva, elementos evaluadores de los diferentes modus vivendi, a decir que estos no existen. Como dijo Gray: «Que existan valores y modos de vida inconmensurables no quiere decir que no se pueda hacer una comparación o evaluación racional de los mismos». En cuanto a que la cultura dependa en cierta medida de la aprobación o reconocimiento del otro, de ello no se deduce lógicamente que esta sea buena, dada, y que deba asimilarse tal como nos viene. La cultura, derechos, conductas adoptadas, símbolos, relatos..., llámalo equis, son objeto, o deberían serlo en una sociedad plural, de disputa, contestación, deliberación y revisión siempre crítica. Los seres humanos perciben lo que es aceptado y lo que no por su grupo o grupos de referencia; ahora bien, esto no los convierte en receptores pasivos de estas percepciones, sino que estas percepciones pueden o deberían poder ser revisadas por él o por conjuntos de ellos. Espero que con esto me haya expresado mejor.

LIBERALIX. Perfectamente.

PERSEO. ¡Hombre, chicos!

Yo cambié por Alejandra. Yo era un gilipollas y, aun así, le gusté a Alejandra, pero Alejandra me hizo ver cosas que nunca había visto. Con ella pude ser de maneras que nunca me había permitido, que no se me había permitido. Ella tenía ese poder, la capacidad de hacerme sentir que era posible, que podía ser más que ese joven cínico que se reía de todo, que se escondía tras el escudo de la ironía y el sarcasmo. Y, por qué no decirlo, tremendamente machista. Alejandra me hizo entender el feminismo, y, a diferencia de lo que dice Academio, aprender no es recordar; yo no recordaba nada de eso. Sí, sé que Academio y Platón lo dicen en el sentido de que, si me hicieran deducir esos principios y teorías y me guiara a la luz de la razón, los terminaría por aceptar. Pero hay emociones y razones que la razón no entiende. O que soy muy cabezota, vaya.

No fue inmediato, claro está. Al principio, resistí. Era como si cada parte de mí luchara por mantenerse igual, por no ceder. No quería admitir que alguien pudiera tener ese poder sobre mí. Pero Alejandra era persistente, no se rindió. Me mostró, sin decirlo directamente, que el mundo no era tan sencillo como yo lo veía, que la vida no era un juego de ingenio en el que el más fuerte ganaba.

Recuerdo una noche en particular. Estábamos sentados en nuestro bar favorito, en esa mesa del rincón donde siempre nos sentábamos. La luz era tenue, y había una suavidad en el ambiente que me hacía sentir que estábamos en nuestro propio mundo, alejados de todo lo demás. Ella me miró, con esos ojos que siempre parecían ver más de lo que yo mostraba, y me dijo: «No tienes que ser siempre el fuerte. No tienes que ser siempre el que lo sabe todo».

Esas palabras me golpearon de una manera que no esperaba. Me quedé en silencio, porque no sabía qué decir. Nunca nadie me había hablado así. Yo, que siempre había creído que tenía que ser el mejor, que no podía mostrar debilidad. Pero, en ese momento, supe que Alejandra me conocía mejor de lo que yo mismo me conocía. Y también supe que tenía razón.

Con ella pude dejar de fingir. Pude permitirme ser vulnerable, permitirme sentir miedo, inseguridad, dudas. Con ella aprendí que no tenía que tener todas las respuestas, que estaba bien no saber, que estaba bien sentirme perdido a veces. Y, en ese proceso, descubrí una parte de mí que había estado oculta, una parte que necesitaba ser aceptada, una parte que Alejandra abrazó sin reservas.

Alejandra me dio la libertad de ser yo mismo, de explorar quién era realmente sin el peso de las expectativas ajenas. Me dio la libertad de cambiar, de crecer. Y eso, más que cualquier otra cosa, es lo que la hace tan especial para mí. Ella no solo me aceptó tal como era, sino que también me mostró que podía ser más, que podía ser mejor. Y por eso siempre le estaré agradecido.

Pensé en todo esto mientras caminaba por las calles vacías. Sentía una mezcla de nostalgia y gratitud. Alejandra había sido, y seguía siendo, la luz que iluminaba mi camino, incluso en los momentos más oscuros. Me había mostrado que había más en la vida que ganar debates, que tener razón. Me había mostrado que lo más importante era ser auténtico, ser fiel a uno mismo.

Al final del día, lo que importaba no era lo que los demás pensaran, no era ganar o perder, sino ser capaz de mirarme en el espejo y estar en paz con quien veía. Y eso lo había aprendido gracias a ella. Con una sonrisa, aceleré el paso, ansioso por volver a casa, a ella. Porque sabía que, al final de todo, Alejandra siempre estaría ahí, esperándome, con esos ojos que lo veían todo pero que nunca juzgaban.

Este libro se publicó
en el mes de noviembre
del año 2024